大眾心理館 331

情感＠設計
Emotional Design

Donald A. Norman ——著

王鴻祥、翁鵲嵐、鄭玉屏、張志傑 ——譯

遠流

《大眾心理學叢書》出版緣起

　　一九八四年，在當時一般讀者眼中，心理學還不是一個日常生活的閱讀類型，它還只是學院門牆內一個神秘的學科，就在歐威爾立下預言的一九八四年，我們大膽推出《大眾心理學全集》的系列叢書，企圖雄大地編輯各種心理學普及讀物達二百種。

　　《大眾心理學全集》的出版，立刻就在台灣、香港得到旋風式的歡迎，翌年，論者更以「大眾心理學現象」為名，對這個社會反應多所論列。這個閱讀現象，一方面使遠流出版公司後來與大眾心理學有著密不可分的聯結印象，一方面也解釋了台灣社會在群體生活日趨複雜的背景下，人們如何透過心理學知識掌握發展的自我改良動機。

　　但十年過去，時代變了，出版任務也變了。儘管心理學的閱讀需求持續不衰，我們仍要虛心探問：今日中文世界讀者所要的心理學書籍，有沒有另一層次的發展？

　　在我們的想法裡，「大眾心理學」一詞其實包含了兩個內容：一是「心理學」，指出叢書的範圍，但我們採取了更寬廣的解釋，不僅包括西方學術主流的各種心理科學，也包括規範性的東方心性之學。二是「大眾」，我們用它來描述這個叢書的「閱讀介面」，大眾，是一種語調，也是一種承諾（一種想為「共通讀者」服務的承諾）。

　　經過十年和二百種書，我們發現這兩個概念經得起考驗，甚至看來加倍清晰。但叢書要打交道的讀者組成變了，叢書內容取擇的

理念也變了。

　　從讀者面來說，如今我們面對的讀者更加廣大、也更加精細（sophisticated）；這個叢書同時要了解高度都市化的香港、日趨多元的台灣，以及面臨巨大社會衝擊的中國沿海城市，顯然編輯工作是需要梳理更多更細微的層次，以滿足不同的社會情境。

　　從內容面來說，過去《大眾心理學全集》強調建立「自助諮詢系統」，並揭櫫「每冊都解決一個或幾個你面臨的問題」。如今「實用」這個概念必須有新的態度，一切知識終極都是實用的，而一切實用的卻都是有限的。這個叢書將在未來，使「實用的」能夠與時俱進（update），卻要容納更多「知識的」，使讀者可以在自身得到解決問題的力量。新的承諾因而改寫為「每冊都包含你可以面對一切問題的根本知識」。

　　在自助諮詢系統的建立，在編輯組織與學界連繫，我們更將求深、求廣，不改初衷。

　　這些想法，不一定明顯地表現在「新叢書」的外在，但它是編輯人與出版人的內在更新，叢書的精神也因而有了階段性的反省與更新，從更長的時間裡，請看我們的努力。

王榮文

目錄 | Content

名家推薦

　　諾曼對日常用品持續不懈且令人興奮的探索帶領他來到設計領域未開拓的疆土，他對心理學方面的敏銳分析提供我們可靠及牢固的參考依據，而且還是非常有用的工具。

　　　　　　　—— Paola Antonelli，**紐約現代藝術博物館建築與設計策展人**

　　諾曼又來了！他問了最重要的問題而且給了我們正確的答案。我希望這本獨具見解的書在四十年前就出現，這樣身為設計師的我就可以做好更多事情了。

　　　　　　　—— Robert Blaich，**飛利浦公司設計部前資深副總裁**

　　這是一本很有價值的書……它會幫助設計界完成所有偉大的工作。

　　　　　　　—— Patrick Whitney，**伊利諾科技大學設計系主任**

　　電腦科學教授諾曼也對設計領域提出他的建議。他將他在企業界及學術方面的背景應用於研究日常用品的情感元素，無論是廚房家庭用品、汽車或是美式足球比賽中教練專用的耳機。聽諾曼分析人們對日常用品的情感反應是一種愉快的過程，對於很少停下來想想自己為什麼喜歡或厭惡自己擁有物品的讀者來說，書中充滿了驚喜。他將情緒反應區分為三種層面，分別是：本能的、行為的和反思的，而且表明成功的設計必須在三個層次中都表現傑出，諾曼舉出的例子從瓶子到手工具都符合這樣的條件，雖然他覺得設計師通常在考慮一個設計應該是什麼樣子的時候都不會將情緒因素納入其中。對於即將出現的家用機器人，諾曼呼籲設計師不要再重蹈設計個人電腦時的覆轍。他的讀者將對於購買者為何會說「我要這個！」有很多的領悟。

　　　　　　　——《**書單**》(*Booklist*)

諾曼在這本解說詳盡的產品設計的情感研究中說明最主要挑戰在於顧客反應的差異性如此巨大。產品設計師需要小心翼翼地調整他們的工作，才能啟動目標顧客的正確反應。

——《哈佛商業評論》（*Harvard Business Review*）

科技作家諾曼，是電腦科學教授也是提倡以使用者為中心的產品顧問公司的共同創辦人，他在《設計 & 日常生活》之後，更進一步提出「情感」在消費購買行為中扮演的角色。根據諾曼的說法，決策行為是由有意識的認知跟情感（包含有意識跟潛意識的情緒）所決定的。這就是為什麼一套美麗的製圖用具對諾曼跟他的同事而言有很大的吸引力，因為這套工具激起了他們的懷舊之情（情感的），然而他們也都知道這套工具實際上並不好用（認知的）。人們對於設計的反應有三種層面：本能的（外表的）、行為的（功能的）、與反思的。反思層次意謂著產品是不是反映了使用者的自我形象、或是提供個人滿足感。諾曼分析了各種產品的設計元素：汽車、手錶與令人發火的電腦，將讓許多人感興趣，而不是只有設計或科技相關工作者。他探討為何音樂和聲音在電子產品設計中可能引發負面及正面的經驗，像是手機鈴聲或是嗶嗶聲（工程師為了讓我們知道機器目前的狀態而使用的警示音，結果各種設備都對我們發出嗶嗶聲）。諾曼關於機器人將負擔如何重要的工作及如何與我們互動的理論也非常有趣。

——《出版家週刊》（*Publishers Weekly*）

本書提出一種新奇的典範，用科學的角度來看待我們對那些沒有生命物體的迷戀，看完後你將以全新的眼光看待家中的日常用品。

——《連線雜誌》（*Wired Magazine*）

譯序

王鴻祥

　　翻譯大師巨作是件光采的事，若還有幸寫序，更是無比榮耀。
但是唐納‧諾曼的《情感＠設計》之於我，卻比這麼一回事要複雜
些。

　　1997 年的一場學術研討會上我發表題為「評介唐納‧諾曼之
認知取向設計理論」的論文，回顧其成名作《設計心理學》（編按
：增訂版更名為《設計＆日常生活》，遠流出版）等文獻後，歸結
出這位先知成功解釋了功能導向的介面設計何以成敗，魅力十足，
影響深遠。然而其認識論存有囿於實用主義框架、欠缺意識形態的
批判反思與社會心理學的宏觀視野等值得商榷之處，結果變得十分
弔詭，具有取得主流論述優勢的《設計心理學》，適足限縮了設計
領域應有的多樣性與開放性，進而扼殺設計無限可能的生命力。好
戲就在研討會的 Q&A 時段登場，我成為諾曼教徒們的箭靶，還被
某位自封為主教的大老嘲笑不自量力，場面尷尬極了。唯一窩心的
是，時任明志科大工設系的黃啟梧主任在中場休息時間遞來一杯熱
咖啡，笑說：「你好大膽！」他現在是我隔壁研究室的同事，大概
早忘了我的糗事。但我永遠記得，會後獨自開車下山，任憑雨刷左
右不停搖擺，眼前總是一片煙雨濛濛。

　　事隔八年，門徒作夢也想不到一代宗師竟然率先背叛了他自己
起草的教義。當然，教主的信仰大逆轉與我的批評是毫無關係的。
就像一完成《設計方法》聖經就宣判設計方法論死刑的約翰‧瓊
斯那般天生反骨，2005 年諾曼的《情感＠設計》一出爐，就擺好

絕命回馬槍的架勢。過去他常上電視節目揶揄麥可‧葛拉夫和菲利浦‧史塔克之流，盡製造一些不好用，甚至不能用的爛設計。但這回大師真心告白，數十載不欲人知的祕密終於揭曉，原來諾曼下班回家最愛把玩火星人榨汁器之類的雕蟲小技。雖然他依舊高舉認知科學的聖杯，也未必親身體驗過設計創作時的莫名快感，畢竟嘗試掙脫過去的微觀窠臼，開始捕捉虛無渺茫的象徵意義，正面迎向實用至上以外的新戰場。

我見獵心喜，慫恿書商好友出版保證暢銷的《情感@設計》中文版（編按：曾由田園城市於 2005 年出版的《情感設計》），藉此洗刷我冒犯諾曼教派的罪名。有趣的是，眾人只顧舉香跟著拜，很少聽過有人抱怨大師出爾反爾，教人無所適從。頂多有位來自台灣的學者在 IASDR 國際研討會上向主講人之一的諾曼乞求明牌：「你下一步到底是什麼？」理論的消費者容易罹患資訊焦慮症，理論的生產者卻老神在在，不斷推陳出新來滿足顧客需求。無庸置疑，諾曼絕對是世界最頂尖的認知科學家和設計研究者之一，然而讀者最好不僅僅是基於崇尚名牌才喜歡（或討厭）他，如果能從他的系列著作中領略做為一位理論先行者的諾曼勇於挑戰禁忌的 GUTS，不啻見到設計師必備的創新精神和超卓品味。

受重金禮聘到韓國高等科技學院（KAIST）擔任講座的諾曼，有次竟然在首爾的公開場合嗆聲「誰能告訴我韓國有什麼設計風格？」信眾們是不是應該起立一同讚嘆：「你好大膽！」

前言：
三個茶壺

Prologue: Three Teapots

圖 0.1 一個不可能的茶壺。（作者收藏，攝影：Ayman Shamma）

圖 0.2 Michael Graves 的「Nanna」壺。 如此的迷人，讓我無法抗拒它。（作者收藏，攝影：Ayman Shamma）

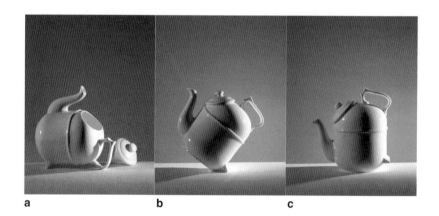

a   b   c

圖 0.3 Ronnefeldt 的「傾斜」壺。 把茶葉放在裡面的架子上（在茶壺內部，從外面看不到），並把茶壺向後躺著放，讓茶葉浸入水中（圖 a）；茶快要泡好時把茶壺提起來，保持一定的角度，讓部分的茶葉露出水面（圖 b）；茶完全泡好後把茶壺擺正，茶葉不會再和茶水接觸，因此茶不會變苦（圖 c）。（作者收藏，攝影：Ayman Shamma）

> 如果你想有一條所有人都適用的黃金定律,這一條就是了:
> 別在你的房子裡擺一些你不知道有什麼用處的東西,或者你
> 信以為漂亮的東西。
>
> ——莫里斯(William Morris)
> 《美麗生活》(*The Beauty of Life*),1880

我收藏了一些茶壺。其中有一個茶壺完全不能用,因為壺嘴和壺柄在同一邊。它是由法國藝術家卡爾門(Jacgues Carelman)創造的,他稱之為咖啡壺:一個「專為受虐狂設計的咖啡壺」。我這個茶壺是複製品,它有一張相片出現在我寫的《設計&日常生活》(*The Design of Everyday Things*,中譯本遠流出版)那本書的封面上。

我收藏的第二個茶壺名叫「Nanna」,它獨特的圓潤外形有令人驚訝的魅力。第三個茶壺是有點複雜,但很實用的「傾斜」(Tilting)茶壺,由德國羅尼菲德(Ronnefeldt)公司所製造。

卡爾門的茶壺故意設計成不能用;Nanna 茶壺(是由著名的建築師兼產品設計師葛拉夫〔Michael Graves〕設計的)儘管看起來有點笨拙,實際上卻很好用;那個傾斜的茶壺是我在芝加哥的四季旅館(Four Seasons Hotel)喝下午茶時發現的,它是根據泡茶的幾個步驟設計的。用它泡茶時,我先把茶葉放在裡面的架子上(在茶壺內部,從外面看不到),並把茶壺向後躺著放,讓茶葉浸入

13

水中；茶快要泡好時我把茶壺提起來，保持一定的角度，讓部分的茶葉露出水面；茶完全泡好後我把茶壺擺正，這樣茶葉就不會再和茶水接觸了。

這些茶壺中哪一個是我經常使用的呢？答案是：一個都沒有。

我每天早上都喝茶。在早晨，一切講求效率。因此，我一醒來就走進廚房，按下日本製熱水瓶的按鈕燒開水，用勺子取出切碎的茶葉，放入小金屬泡茶球裡。然後把泡茶球放進茶杯裡，倒入熱水，泡上幾分鐘之後就可以喝茶了。真是迅速、有效率，又好清洗。

為什麼我會這麼迷戀我的茶壺呢？為什麼我會把它們擺在廚房的窗台當展示呢？甚至當不使用的時候，它們仍擺在那裡，一覽無遺。

對我而言，我的茶壺的價值不僅是它們可以泡茶，還因為它們是藝術雕塑品，我喜歡站在窗前比較它們對比鮮明的形狀，欣賞光線照映在變化多端的曲面上。當我招待客人或閒暇時，我會因為 Nanna 茶壺的魅力而用它泡茶，或者因為傾斜茶壺的靈巧而用它來泡茶。對我來說，設計很重要，但我選取哪樣設計則由場合、情境，尤其是我的心情來決定。這些茶壺不只是功利主義的產物，做為藝術品，它們照亮了我的每一天。也許更重要的是，每一個茶壺都表達了自己的意義：每個都有自己的故事。一方面反映了我的過去，我對無法使用的物品的討伐；另一方面反映了我的未來，我對美殷切的追求；最後則是反映了功能和魅力的完美結合。

圖 0.4 三個茶壺：廚房水槽上方窗台前的藝術品。（作者收藏，攝影：Ayman Shamma）

　　這則茶壺的故事說明了產品設計的幾個組成要素：易用性（或缺少易用性）、美學和實用性。在創造一個產品時，設計師需要考慮許多因素：材料的選擇、加工的方法、產品的行銷方式、成本和實用性，以及理解和使用產品的難易程度等。但是有很多人都不明白，產品的設計和使用還有一個很重要的情感成分，在這本書中，我認為設計的成功與否，其中的情感成分可能比實用成分更具議論價值。

　　這些茶壺也說明了設計的三個不同層面：本能的、行為的和反思的。**本能的設計**關注它本身的外觀，這是 Nanna 茶壺勝出的重點──我非常喜歡它的外觀，特別是當它盛著琥珀色的茶水，下有

圖 0.5 The Mini Cooper S。「平心而論,在近年來記憶中,幾乎沒有任何其他新車能比這輛車帶來更多的微笑。」(圖片提供:BMW AG)

蠟燭的火焰照亮的時候。**行為的設計**和使用的愉悅感與效率有關,在這方面,傾斜茶壺和我的小金屬球都是贏家。最後,**反思的設計**考慮產品的合理化和智能化,我能說出一則有關它的故事嗎?它能迎合我的形象、我的尊榮嗎?我喜歡向人展示如何使用傾斜茶壺,解釋茶壺的位置代表什麼樣的泡茶狀況。當然,「專為受虐狂設計的茶壺」完全是反思設計,它並非特別漂亮,也沒什麼用,不過,它卻說了一個美妙的故事。

　　超乎物品的設計之上,還有一項個人的成分,是任何一個設計師和生產者都無法提供的。生活中的器物對我們來說絕不只是物質上的財產。我們不一定是為了炫耀自己的財富或地位才以它為榮,而是因為它們賦予我們生活上的意義。一個人最喜歡的物品可以是不昂貴的小飾品、磨損的家具,或是殘破、骯髒或泛黃的相片與書籍。人最喜愛的物品是一種象徵,它建立了正面的心智框架,它是

愉悅回憶的提醒，或者有時候是自我的表徵。而且這種東西總是有一個故事、一段記憶，還有把我們個人與這個特定物品、事件連結起來的特質。

本能的、行為的和反思的這三個截然不同的層面，在任何設計中都是相互交織的。設計不可能完全不涉及這三個層面。不過，更重要的是，要注意這三個成分在情緒與認知中如何交織。

認知與情緒兩者對立是一種普遍的看法。情緒被說成是熱情的、獸性的和非理智的；而認知是冷靜的、人性的和有邏輯的。這個對比關係來自於長久以來的知識傳統都以理性、邏輯推理自豪，而情緒在一個有禮貌、講禮節的社會，卻無立足之地。情緒是我們的動物起源的遺留物，我們人類必須學會凌駕於它之上，至少這被認為是明智之舉。

無稽之談！情緒和認知不可分離、是認知不可或缺的一部分。我們所做的每件事情，所想的每件事情都會影響情緒，不過在許多情況下，這種影響是潛意識的：情緒會反過來改變我們的思維方式，當做指引我們做出適當行為的常規，引導我們趨利避害。

某些東西會激發強烈、正面的情緒，諸如愛、迷戀和快樂。在評論 BMW 的 Mini Cooper 汽車（如圖 0.5 所示）時，《紐約時報》的觀察是：「無論什麼人想到 Mini Cooper 的動力特徵，範圍從非常好到及格邊緣，平心而論，在近年來的記憶中，幾乎沒有任何其他新車能比這輛車帶來更多的微笑。」觀看和駕駛這輛車都是這

麼有趣，以至於評論者建議你忽略它的缺點。

幾年前，我和設計師葛拉夫一起參加一個廣播節目，我批評他設計的一件作品——「公雞」（Rooster）茶壺，因為儘管它很好看，卻很難用——倒水時有被燙傷的危險。就在這個時候，一位擁有「公雞」茶壺的聽眾打電話進來。「我喜愛我的茶壺，」他反駁說：「當我早上醒來走進廚房泡茶時，它常常令我微笑。」他想傳達的訊息似乎是：「有點難用又怎麼樣呢？小心點就是了嘛。它漂亮得令我微笑，而且這是早上起來的第一件事，也是最重要的事。」

今日科技進步的社會有一個副作用就是大家普遍痛恨與我們互動的東西。請想一想人們在使用電腦時所感到的憤怒和挫折，在一篇討論「對電腦發火」（computer rage）的文章中，倫敦的一家報紙這樣寫道：「剛開始只是輕微的不悅，然後是怒髮衝冠且手腳冒汗，不久你用力敲打你的電腦並且對著螢幕大叫，最後你可能要揍鄰座的傢伙才能罷休。」

我在 1980 年代寫《設計＆日常生活》時並沒有考慮到情緒，我只討論實用性和易用性、機能和造形，一切都以一種邏輯且不帶感情的方式處理——儘管設計不良的東西也會令我發火。但是，現在我變了，為什麼呢？在某種程度上是因為我們對大腦及對認知與情緒如何交互作用有了新的科學見解，現在科學家瞭解情緒對日常生活有多重要、多有價值。當然，實用性和易用性很重要，不過如果沒有樂趣和愉悅、喜悅和興奮、焦慮和生氣、害怕和憤怒，那麼

我們的生活就不會完整。

除了情感，還有另一個方面也很重要：審美、吸引力和美感。我在寫《設計＆日常生活》時並非有意貶低美學或情感，我只是想在設計界把易用性提昇到它應有的地位上，就是將其提昇到與美感和機能相同的地位。我覺得審美的主題在其他地方已有廣泛的討論，因此我忽略了它。結果，設計師提出很有價值的批評：「如果遵照諾曼先生的處方，我們的設計是可以用──但也會很難看。」

可使用卻很難看！多麼刺耳的評論啊。唉！不過，這個批評卻是正確的，因為能用的設計不一定好用，正如我在三個茶壺的故事中所揭示的，吸引人的設計不一定是效率最高的設計。不過，這些特性非得相互衝突嗎？美麗和頭腦、愉悅感和易用性可以並存嗎？

所有這些問題驅使我付諸行動，我在科學的自我與個人的自我之間的差異中糾纏不清。在科學中，我忽視了審美和情感，把注意力集中在認知上面。的確，我是認知領域的早期研究者之一，今天這些領域稱為認知心理學和認知科學。易用性設計這一領域就是以認知科學為基礎，認知科學是由認知心理學、電腦科學和工程學，以及以科學嚴謹和邏輯思考自豪的分析領域所組成的。

然而，在我個人的生活中，我參觀美術館，聆聽或演奏音樂，並且以我居住的住宅是經過設計師設計感到驕傲。只要這兩方面在我的生活中彼此獨立，它們就不會相互矛盾。不過，在我早期的職業生涯中，我經歷了一場源於不太可能發生的驚奇挑戰：電腦彩色

螢幕的應用。

在個人電腦的發展初期，根本就沒聽說過彩色螢幕，大多數的螢幕都是黑白的。當然，蘋果電腦推出的 Apple II 是最早具有彩色顯示功能的，但僅限於遊戲。在 Apple II 電腦上做的任何重要工作都是黑白的，通常是黑色背景白色文字。在 1980 年代早期，彩色螢幕首次被引進個人電腦時，我很難理解它的訴求，那時候主要是用顏色來強調文字，或是給螢幕添加不必要的裝飾。從認知的觀點來看，彩色螢幕提供的價值並沒有超過黑白螢幕，不過，企業卻寧願多花錢來購買彩色螢幕，儘管沒有什麼科學理由。顯然，彩色滿足了某些需求，但這些需求我們還無法測量。

我借了一台彩色螢幕來看人們這樣做到底是為了什麼。很快我就確信我一開始的判斷是正確的，彩色並沒有為日常生活增加任何可見的價值，不過我卻不願放棄彩色螢幕。我的理性告訴我彩色不重要，但是我的情感卻告訴我彩色很重要。

電影、電視和報紙也可以發現相同的現象。一開始，所有的電影都是黑白的，電視也是黑白的，製片廠和電視製造廠商反對引進彩色，因為這會增加巨額成本且幾乎沒有什麼收益，畢竟故事就是故事——彩色能帶來什麼差異？但是你會願意回到黑白電視或黑白電影的時代嗎？今天，電影或電視被拍成黑白的只是基於藝術和審美的理由：沒有豐富的色彩反而有強烈的情感陳述。然而，相同的經驗並沒有完全轉移到報紙和書籍上，雖然所有人都同意大家喜歡

彩色，但彩色帶來的好處是否足以彌補所產生的額外成本仍在熱烈討論。雖然彩色已悄然進入報紙頁面，但多數報紙和廣告還是黑白的。書籍也是這種情況：即使原始相片是彩色的，書裡引用的相片都是黑白印刷。在大多數的書中，彩色只是出現在封面上──可能是用來引誘你購買這本書──不過一旦購買了這本書，彩色就被認為再也派不上用場了。

　　問題就在於我們仍由邏輯來做決定，即使我們的情感告訴我們另外的意見。企業繼續由邏輯、理性的決策者統治，由經營模式和會計師統治，沒有情感置喙的餘地真是遺憾！

　　現在我們認知心理學家明白情緒是生活必要的部分，它影響著你如何感知、如何行為與如何思考。的確，情緒使你聰明。這是我目前的研究課題。沒有情緒，你的決策能力會減弱，情緒往往通過判斷，向你傳達有關這個世界的即時訊息：這邊可能危險、那邊可能舒適、這是好的、那是壞的等等。情緒運作的方式之一是透過神經化學物質進入大腦某一特定區域，來修正知覺、決策和行為，這些神經化學物質改變了思維的參數。

　　令人訝異的是，我們現在有證據表示，具有美感且令人感覺愉快的東西能讓你的工作更有效率。正如我將要舉例說明的，讓你感覺良好的產品和系統比較容易使用，並且有更和諧的成果。當你洗好車且打好蠟之後，它看起來不是更好開嗎？當你洗完澡穿上乾淨別緻的衣服後，你不會感覺更棒嗎？當你使用一個美妙、平衡感良

好、美觀討喜的園藝工具或木工工具、網球拍或滑雪橇時，你不會表現得更好嗎？

在我繼續這個話題之前，讓我插入一個專業的見解：我在這邊討論的不只是情緒（emotion），還包括情感（affect）。這本書的主題就是：大多數的人類行為都是潛意識的，意識無法察覺。在人類進化歷程以及大腦的訊息處理歷程中，意識都出現得比較晚，許多判斷在被意識到之前就已經確定了。情感和認知都是訊息處理系統，但功能各不相同。情感系統進行判斷，幫助你迅速確定環境中的事物什麼是危險或安全的，什麼是好或壞的；認知系統則用來詮釋和認識這個世界。情感是判斷系統的一般性術語，不論是意識或潛意識；情緒是有意識的情感體驗，具有特定的原因和對象。你所體驗到的憂慮不安而又莫名奇妙的感覺是情感，你由於某件事情而對某人發火則是情緒，如中古汽車銷售員哈利賣你一輛差勁的車子又多收你錢，你會為此生氣。注意，認知和情感是相互影響的，一些情緒和情感狀態可以由認知驅動，而情感也常常影響認知。

讓我們來看一個簡單的例子，請想像一個長 10 公尺寬 1 公尺，又長又窄的厚木板，把它放在地面上，你可以在上面行走嗎？當然，你可以蹦蹦跳跳甚至閉著眼睛走。現在把木板架到離地 3 公尺高，你可以在上面走嗎？可以，但是你會更加小心。

如果木板離地面 100 公尺會怎樣呢？我們大多數人都不敢走近它，即使這時在木板上走和保持平衡並不比在地面上困難。一個

簡單的任務怎麼會突然變得這麼困難了呢？你頭腦的反思部分能夠體認到在一定高度的木板上走和在地面上的木板上走一樣容易，但是自動的、低層次的本能控制著你的行為。對大多數人來說，本能會勝利：內心充滿恐懼。你可能嘗試把你的恐懼解釋為木板可能會折斷，或者可能被風吹下來。不過，所有這些有意識的合理化解釋都發生在事實之後，發生在情感系統釋放了化學物質之後，這種情感系統的運作和有意識的思維無關。

最後，情感和情緒對於日常的決策十分重要。神經科學家狄馬吉奧（Antonio Damasio）研究過一些腦損傷的病人，他們在各方面表現都很正常，只是受傷的大腦使情緒系統受到傷害。因此，他們雖然表面上正常，但不能決策或有效工作。儘管他們可以確切的描述應該如何做，但是他們卻不能決定要住在哪裡、吃什麼，以及購買和使用什麼產品。這個發現與一般觀點矛盾，一般都認為決策是理性邏輯思維的核心，但是現代研究顯示，情感系統幫助你在好和壞之間迅速做出選擇，減少思考事物的負擔，從而對你的決策提供重要的幫助。

正如狄馬吉奧研究的病人那樣，沒有情緒的人們往往不能在兩個事物之間做選擇，特別是當兩種事物的價值相當時。你想在週一還是週二約會？你想吃飯還是馬鈴薯？簡單的選擇？是的，也許是太簡單了，以至於沒有理智的方法來進行決定，這時正是情感發揮作用的時候。我們大多數人對某事做出決定後，當別人問為什麼要

這樣做時，我們經常說不出原因，可能回答說：「我只是想這樣做而已。」決定必須讓人「感覺良好」，否則這個決定就會被否決，這種感覺就是情緒的一種表徵。

　　情緒系統與行為緊密相關，情緒系統使你的身體做好準備，以對特定情況做出適當的反應，這是你在焦慮時感到緊張不安的原因所在。在腸胃中「令人作嘔」的感覺和「打結」的感覺並不是想像，這是情緒控制你的肌肉系統，甚至是你消化系統的真實表現。因此，合你意的味道和氣味使你分泌唾液進行攝取和吸收，討厭的味道和氣味使你肌肉緊張，為反應做好準備。腐爛的味道使你嘔起嘴吐出食物，胃部和肌肉收縮。所有這些反應都是情緒體驗的一部分，我們確實會**感覺**到好或壞、放鬆或緊張。情緒是判斷性的，使身體相應做好準備，你那有意識的、認知的自我會觀察到這些變化。下次當你感覺某件事好或壞，自己卻不知道為什麼時，請聆聽你身體的聲音，感受情感系統的智慧吧！

　　就像情緒對人類行為很重要一樣，它們對智慧型機器也很重要，特別是對將來在日常活動中幫助人們的自動化機器。機器人要想成功就必須具有情緒（在第 6 章將更詳細地討論這一主題），不一定和人類的情緒相同，但不管怎麼說，這些也是情緒，是為滿足機器人的需求而為它們量身訂做的情緒。而且，將來的機器和產品應該是能夠感知人們的情緒，並做出相對的反應，例如，當你心煩時會哄你、安慰你，還會陪你玩。

　　正如我所說的，認知詮釋並理解你周圍的世界，而情緒讓你可以對世界迅速做出判斷。通常，你先對情況做出情緒反應，然後進行認知評估，因為生存比理解更重要，不過有時你也會先進行認知評估。人腦的功能之一就是能夢想未來、想像未來，並規劃未來。在心智展開創造想像的翅膀時，思維和認知釋放了情緒，並且反過來也改變了它們自己，為了說明這是怎麼回事，現在讓我開始探討情感和情緒的科學。

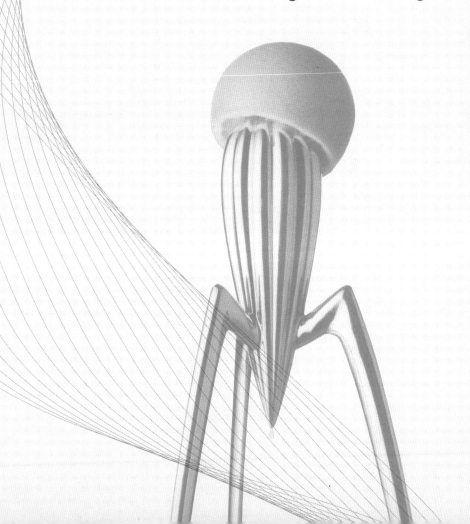

Part 1
物品的意義
The Meaning of Things

1
有吸引力的東西較好用
Attractive Things Work Better

以色列科學家崔克廷斯基（Noam Tractinsky）被搞糊塗了。具吸引力的東西一定比醜陋的更討人喜愛，但是為什麼它們會更好用呢？在 1990 年代初有兩位日本的研究人員黑須正明（Masaaki Kurosu）和鹿志村香（Kaori Kashimura）就是那樣主張的。他們研究不同的自動提款機（ATM）控制面板配置，這種自動提款機是提供我們 24 小時的簡便銀行服務。所有提款機的功能、按鍵總數和操作方式都相同，只是有一些按鍵和螢幕安排得很有吸引力，其他的則沒有吸引力。真令人驚訝！這兩個日本人發現具有吸引力的提款機被認為比較好用。

崔克廷斯基覺得很可疑。也許那個實驗有瑕疵，或者對日本人的確如此，但對於以色列人一定不是這樣的結果。「無疑地，美學偏好取決於文化，而且日本文化的美學傳統舉世聞名。」崔克廷斯基說。但是以色列人呢？以色列人是行動導向的，他們並不在乎美不美。因此崔克廷斯基重做了這個實驗，他取得黑須正明和鹿志村香設計的自動提款機，將日文轉換成希伯來文，然後設計新的實驗，並以嚴格的方法加以控制。不僅他的調查結果和日本人一樣——和他認為易用性與美學「**預期不會**有相關」的信念相反，以色列的實驗結果比日本還更顯著。崔克廷斯基感到很訝異，所以他將「**預期不會**」以粗體字表示，在科學論文中很少這樣子表達，但他覺得用來敘述這個令人驚訝的結論很適當。

在 20 世紀初，李德（Herbert Read）寫了許多藝術與美學的

書籍，指出「需要用某種神祕的美學理論來找尋美與機能之間的任何必然的關係」，這樣的信念至今仍然很普遍。美是如何影響物品使用的難易度？我剛要著手進行一項研究計畫，調查情感、行為和認知的交互作用，但是崔克廷斯基的研究結論擾亂了我，我無法解釋。儘管如此，這些結果還是激起了我的興趣，而且它們可以支持我自己個人的經驗，有些經驗在序言中已提述了。我仔細思索這個實驗結果時，領悟到它們符合我和研究夥伴們正在建構的一種新架構，也符合情感和情緒研究的新發現。現在我們知道，情緒會改變人腦解決問題的方式，情緒系統會改變認知系統的運作。因此，如果審美可以改變我們的情緒狀態，那就可以解開這個謎了，讓我來解釋一下吧！

　　一直到最近，情緒依然是人類心理學中尚未被充分研究的一部分。有些人把情緒視為我們起源於動物演化過程中的遺留物，大多數人則把情緒看成要用理性和邏輯思考加以克服的一個問題。並且大多數的研究都強調：緊張、害怕、焦慮和憤怒等負面情緒，但現今研究已經完全改變了這個觀點。現在科學家知道，在演化上較高等的動物比原始動物更具有情緒，人類則是情緒最豐富的動物。此外，情緒在日常生活中扮演著重要的角色，它有助於評價處境是好是壞，是安全還是危險。正如我在序言中提到的那樣，情緒能幫助人們決策。正面情緒和負面情緒同樣重要，正面積極的情緒是學習、好奇心和創造性思維的關鍵，現今的研究正轉到這一方向。其中

有一項研究結果特別引起我的注意。心理學家艾森（Alice Isen）和她的同事指出，快樂可以擴展思路並促進創意思考。艾森發現當要求人們解決的難題需要不尋常的「跳出框架」思考時，送他們一份小禮物（並不是什麼了不起的禮物，但足以讓他們感到愉快），他們就會做得更好。艾森發現當你感覺很好時，會更善於進行腦力激盪，更善於檢驗多重的選擇。讓人們感覺很好並不需要大費周章，艾森做的就是讓人們看幾分鐘的喜劇片，或給他們一包糖果。

我們早就知道人在焦慮時，思緒會變狹窄，僅僅集中於與問題直接相關的方面思考。在逃離危險時這是一個很管用的策略，但卻不適用於解決問題時思考富想像力的新方法。艾森的研究結果表明，當人們心情輕鬆愉快時，他們的思路會拓寬，變得更有創造力和想像力。

這些和其他的相關研究發現都揭示了美學在產品設計中所扮演的角色：美觀的東西使人感覺良好，這種感覺反過來使他們更具創意思考。這樣會讓東西更好用的道理何在？很簡單，就是讓人更容易找到所面對問題的答案。就大多數產品而言，如果你嘗試的第一件事不能得到渴望的結果，最自然的反應就是再繼續試試看，只是多花點力氣。在今天由電腦控制的產品世界裡，重複做相同的操作不太可能導致更好的結果。正確的反應是尋找別的解決方法，而緊張或焦慮的人卻很可能傾向於再次重覆相同的操作。這種負面的情緒狀態使人把注意力集中在問題的細節上，如果這種注重細節的策

略不能解決問題，他們會變得更加緊張、焦慮，注意力也會更加集中在那些煩人的細節上。相較之下，那些有著正向情緒的人遇到相同的問題時，傾向於尋找替代的方法，這很可能導致令人滿意的結果。緊張焦慮的人會抱怨遇到的困難，而輕鬆愉快的人甚至記不得有什麼困難。換句話說，愉快的人較善於發現解決問題的替代方法，因此能容忍難題。李德認為我們需要用一種神祕的理論使美與機能聯繫起來。儘管這花費了一百年的時間，但今天我們終於有了這種理論。它以生物學、神經科學和心理學為基礎，卻不是建立在神祕主義上。

人類演化了上百萬年，才得以在這個豐富且複雜的環境中生活得很好。我們的知覺系統、四肢、運動系統——這些系統控制我們所有的肌肉——一切都已進化到使我們可以在世界中運作得更好。人類的情感、情緒和認知功能也逐漸進化成彼此互動和互補。認知詮釋世界，增進理解和知識；情感（包括情緒）是一個判斷什麼是好是壞、安全或危險的系統，它做出價值判斷，讓人生存得更好。

情感系統還控制身體的肌肉，並透過化學神經傳導素改變大腦的運作方式。肌肉活動使我們為反應做好準備，而且還可以為我們遇到的其他人提供信號，這是情緒在溝通時所提供的另一個重要作用：我們的身體姿勢與臉部表情為其他人提供了我們情緒狀態的外在線索。認知和情感、理解和評估一同組成一支強大的團隊。

三種運作的層次：本能、行為和反思

人類當然是所有動物中最複雜的，擁有複雜的大腦結構。許多人的偏好在出生時就看得出來，這是身體的基本保護機制，但是我們還有強大的大腦機制完成任務、創造和行動。我們可以成為技藝純熟的藝術家、音樂家、運動員、作家和木匠。這一切都需要更為複雜的大腦結構，而不僅僅是對世界的自動反應。最後，我們在動物中是獨一無二的，擁有語言和藝術、幽默和音樂。我們能夠意識到自己在世界中的角色，而且可以反省過去，因而學得更好；迎向未來，因而準備得更好；內省自我，因而現在的活動處理得更好。

我和我西北大學心理系的同事奧托尼（Andrew Ortony）和芮維（William Revelle）共同進行情緒研究，我們認為這些人類屬性是大腦運作的不同層次造成的：自動化的預先設置層，稱為**本能層次**（visceral level）；包含控制日常行為的大腦運作部分，稱為**行為層次**（behavioral level）；大腦深思熟慮的部分，稱為**反思層次**（reflective level）。每一層次都在人類的整體機能中扮演不同的角色。正如我將在第 3 章中詳細敘述的那樣，每一層次都需要不同的設計風格。

這三個層次部分反映出大腦的生物起源，先由原始的單細胞有機物慢慢演化為較複雜的動物，再發展為脊椎動物、哺乳動物，最後演化為猿和人類。對簡單的動物而言，生命是由威脅和機會構成

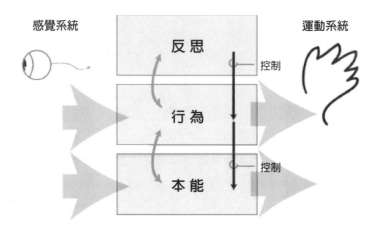

感覺系統　　　　　　　　　　　　　運動系統

反 思　　　　　控制

行 為

本 能　　　　　控制

圖 1.1 三種運作的層次：本能、行為和反思。本能層次反應很快，它可以對好或壞、安全或危險迅速做出判斷，並向肌肉（運動系統）發出適當訊息，警告大腦的其他部分。這是情感處理歷程的起點，由生物因素決定，可通過控制訊號來抑制或強化。行為層次是大多數人類行為之所在，它的活動可經由反思層次來增強或抑制，反過來說它也可以增強或抑制本能層次。最高層級就是反思層次，值得注意的是，它與感覺輸入和行為控制沒有直接的通路，它只是監視、反省並設法使行為層次具有某種偏向。（修改自 2003 年羅素〔Daniel Russell〕提供諾曼、奧托尼和羅素的圖片）

的連續體，動物必須學會如何對它們做出恰當的反應。那麼其基本的大腦迴路確實是反應機制：分析情境並做出反應。這個系統與動物的肌肉緊密相連。如果面對的事物是有害或危險的，肌肉就會緊張準備奔跑、攻擊或僵直不動；如果面對的事物是有益或滿意的，動物會放鬆並利用這個狀況的優勢。隨著不斷的演化，進行分析和反應的大腦神經迴路也逐漸改進，變得更加成熟。把一段鐵絲網放在動物與可口的食物之間，小雞可能永遠卡在那裡，在柵欄前掙扎卻得不到食物，而狗會直接繞過去。人類則擁有更發達的腦結構，他們可以反思自己的經驗，並和別人交換經驗。因此，我們不僅會

繞過柵欄得到食物，還會回想這個過程──反思這個過程──並決定移動柵欄或食物，這樣下次就不用繞道了。我們還會把這個問題告訴其他人，這樣他們甚至還沒到那裡之前就知道該怎麼做了。

像蜥蜴這樣的動物主要的運作是本能層次的，大腦只能以固定的程式分析這個世界並做出反應。狗及其他哺乳動物，則可進行更高的，即行為層次的分析，因為具有複雜而強大的腦，可以分析狀況，並加以因應而改變行為。人類的行為層次對那些熟練的例行操作特別有用，這個層次也是技藝熟練的表演者能技冠群倫的地方。

在演化發展的最高層次，人類的大腦可以對自身的運作進行思索。這是反省、有意識的思維、學習關於世界的新概念並加以一般化的基礎。

因為行為層次不是有意識的思維，所以你可以成功地在行為層次上以潛意識駕駛汽車，同時也在反思層次上有意識地思考其他事情。熟練的表演者便運用這個能力，因此熟練的鋼琴演奏者可以在思考音樂的高階結構時讓手指自動的彈奏。這也是為什麼他們能夠在演奏時與人交談，以及為什麼有時找不到自己彈奏到哪裡而不得不聆聽自己的彈奏來尋找。此時，反思層次迷失了方向，而行為層次仍然工作得很好。

現在，讓我們來看一下這三個層次在實際行動中的一些例子：坐雲霄飛車；用利刀有條理地將切菜板上的食物切成方塊；沉思一部嚴肅的文學作品。這三種活動以不同方式影響我們。第一種是最

圖 1.2 人們花錢買刺激。雲霄飛車使情感的一種層次（對恐懼的本能感覺）與另一種層次（完成後反思層次上的自豪感）相互抗衡。（攝影：Bill Varie）

原始的，是對墜落、高速和高度產生本能的反應。第二種活動涉及有效使用好工具的愉悅，指的是熟練完成任務所產生的感受，來自行為層次。這種快樂是任何專家把某件事情做好時的感受，就像駕駛過一段不好走的路或彈奏一曲複雜的樂章。這種行為上的愉悅不同於嚴肅的文學藝術作品提供的愉悅，因為後者來自反思層次，需要進行研究和解釋。

最有趣的莫過於一種層次與另一種層次相互抗衡，正如坐雲霄飛車（如圖 1.2 所示）。如果坐雲霄飛車如此令人恐懼，那麼為什麼還這麼受歡迎？至少有兩個原因：首先，有些人似乎就是喜歡恐懼，他們喜歡伴隨危險而產生的高度警醒狀態，以及腎上腺素快速分泌引起的衝擊。其次在於坐過雲霄飛車後的感覺，例如戰勝恐懼

的自豪，或者可向別人吹噓。在這兩種情況下，本能層次的焦慮都
與反思層次的愉悅相互競爭，後者也不必然會戰勝，因為許多人拒
絕乘坐或者坐過一次後就再也不坐第二次了。但是，這又給那些繼
續乘坐的人增加愉悅感，他們會由於自己敢做別人不敢做的事而提
昇自己的形象。

聚焦和創造力

　　上述三種層次交互作用，每一層次都可以調節其他層次。當活
動由最低層次的本能發起時，稱為「由下而上」（bottom-up）行為
；當活動由最高的反思層次發起時稱為「由上而下」（top-down）
行為。這些術語用來說明大腦處理結構的標準模式，底層與詮釋身
體的感覺輸入有關聯，頂層與高階的思維過程有關聯，就像圖 1.1
所表達的那樣。由下而上的過程由知覺驅動，而由上而下的過程則
由思維驅動。當大腦浸在被稱為神經傳導素的液態化學物質中時，
它會改變自己的運作方式。顧名思義，神經傳導素能改變神經細胞
間傳遞神經脈衝的方式（通過兩個神經元的相接處）。有些神經傳
導素增強傳遞，有些神經傳導素抑制傳遞。由看、聽、觸或其他管
道感知環境，然後情感系統進行判斷，並警告腦的其他中心，釋放
適合情感狀態的神經傳導素，這是由下而上的活動。在反思層次上

想一些事情時，思考傳遞到底層，反過來又激發神經傳導素。

你所做的一切既包含認知成分又包含情感成分。認知負責意義，情感負責價值。你不能逃離情感：因為它必然存在。更重要的是，無論正面還是負面的情感狀態都會改變我們的思考方式。

當你處於負面情感狀態，感到焦慮或危險，神經傳導素聚焦於大腦運作。聚焦指的是把注意力集中在一個主題上而不分心，並逐步對問題深入探索直到獲得某些解決方案。聚焦還含有把注意力集中於細節的意思。這對於逃生十分重要，逃生時主要是由負面情感發揮作用。無論什麼時候大腦探測到可能有危險的事物，不管是通過本能層次還是反思層次的處理，情感系統都會使肌肉繃緊準備行動，並警告行為層次和反思層次停止其他活動，而把注意力集中在當前問題上。神經傳導素使大腦聚焦於當前問題，並避免注意力分散。這正是處理危險時應該做的事情。

當你處於正面情感狀態時，會發生恰恰相反的事情。這時，神經傳導素使大腦處理範圍拓寬，使肌肉放鬆，腦專心於正面情感所提供的機會上。拓寬的意思是你這時很少聚焦於某件事，更易於接納干擾而去注意任何新的想法或事件。正面情感喚起好奇心，激發創造力，使大腦成為一個能有效學習的有機體。伴隨正面情感，你更容易看到森林而不是樹木，更喜歡注意整體而不是局部。另一方面，當你悲傷或焦慮，感受到的是負面情感時，你更容易看到樹木而不是森林，更可能注意局部而不是整體。

　　在設計中，這些情感狀態可以扮演什麼角色呢？首先，在愉悅的心情下輕鬆快樂的人們會更富創造性，更能容忍和處理設計中的小問題——特別是當這樣做比較有趣時。如在前言中 Mini Cooper 汽車的評價者指出，車的缺點會被忽略，因為它是這麼有趣。其次，當人們焦慮時，他們會更加專注，因此，在這種情形可能出現時，設計者應特別注意確保完成這件任務所需的所有訊息始終都唾手可得，且隨時可見，確保設備在進行操作時有清晰明確的回饋。如果產品有趣可愛，設計者會更加成功。設計在緊急情況下使用的物品必須更小心、更注意細節。

　　在這兩種情感狀態不同的思維過程中，一個有趣的效應是它們對設計過程本身的影響。設計，或是大多數問題解決的相關歷程，都需要創意思考，以及隨之而來的漫長時間專心致志的努力。就創造性而言，設計者處於輕鬆愉悅的心情是有益的。因此，在腦力激盪階段，常常用講笑話或玩遊戲來熱身，且不允許批評，因為批評會提高參與者的焦慮程度。好的腦力激盪，以及與眾不同的創意思考都需要由正面情感所引發的輕鬆狀態來引導。

　　一旦創造階段完成，孕育出來的想法就要轉化為實際的產品。這時，設計師必須把相當多的注意力放在細節上，聚焦在這裡就非常重要。在這個階段有一種做法是：限定一個比充裕時間稍短的時間，這個時間是為了引發負面情感產生注意力聚焦。這也是為何人們經常給自己強加一個期限，然後把這些期限告訴其他人，使這些

期限變得真實，他們的焦慮有助完成工作。

　　要設計的東西能同時適應創意思考和聚焦，是非常棘手的。假如設計任務是為某家工廠的操作員建造一間控制室──設想為核電廠或大型化學加工廠，或許多生產廠或製造廠的情況也一樣。這種設計旨在增強某些關鍵的程序或功能──例如，使控制室的操作員能夠監視整個工廠，並隨時解決出現的問題──因此，也許最好用中立的或稍微負面的情感好讓人保持清醒和精神集中。在正常監控狀態中，需要有一個吸引人、讓人愉悅的環境，使操作員能充滿創造力並開放地探索新狀況。一旦某項工廠參數接近危險的程度，就應改變設計，以引起負面情感，使操作員集中注意眼前的任務。

　　你要如何設計才能使一個東西可以由激起正面情感轉變為激起負面情感呢？這有幾個方法，一個方法是透過聲音的運用。工廠的視覺外觀可以是愉快的，在正常操作時甚至可以有輕鬆的背景音樂，除非控制室的位置安排是為了使用工廠運轉的聲音當成狀態的指標。不過，一旦有任何問題出現，音樂就應馬上消失，並開始發出警報聲。嗡嗡作響或鈴聲大作的警報聲可讓人產生反感和焦慮，它們本身一出現就會激起負面情感。當然，應注意的問題是不要過度使用，因為太多的焦慮會導致「視野狹窄」（tunnel vision）的現象，人們會因注意力過度集中反而看不到顯而易見的事物。

　　研究意外事件的人深知注意力過度集中的危險。因此，如果我們想讓人在高度緊張的情況下做得更好，就需要有特殊的設計和訓

練。由於高度焦慮會引起過度聚焦和視野狹窄，所以這個情況必須設計成盡可能不需要創意思考。這就是為什麼要對專業人員進行一次又一次意外情況訓練的理由。藉助於訓練和模擬，才能在真正發生事故時自動做出反應，因為他們在訓練中已經歷過很多次了。不過，只有經常重複訓練並且進行績效考核，訓練才會起作用。民航機飛行時，雖然飛行員和全體空服人員都接受過良好的訓練，但乘客卻沒有。即便經常乘坐飛機的人不斷聽到和看到如何在失火和墜機時逃離飛機的說明，但他們是被動地坐著，只注意到一部分的說明。因此，他們在緊急情況下無法想起這些說明。

「著火了！」戲院裡有人喊著，所有人馬上湧向出口。他們到出口的逃生門能做什麼呢？推擠。如果門沒開，他們就推得更用力。但是，如果門是朝裡面開，必須用拉的而不是用推的，那會怎麼樣呢？高度焦慮、高度聚焦的人群不可能想到是用拉的。

在高度焦慮引起的高度負面情感狀態下，人們把注意力集中在逃跑上。到門口時，他們就推門。推不開時，自然的反應就是更用力推，結果就是有無數人罹難。現在，消防法規要求戲院必須裝有所謂的「安全門用推壓式門鎖」（panic hardware），禮堂的門必須是向外開，並且無論什麼時候，門一經施力都要能打開。

同理，樓梯出口的設計必須防止任何從一樓到地下室的直接通路。否則，人們從樓梯逃離火場時，很可能錯過一樓而進入地下室——有些建築有好幾層的地下室——最後被困在裡面。

做好準備的腦

　　儘管本能層次是大腦內最簡單、最原始的部分，但是它對範圍廣泛的各種狀況都很敏感。這是由遺傳決定的，在演化的歷程中，各種狀況也緩慢演化。然而，它們有一個共同的特性：狀況可以直接靠感覺訊息加以識別。本能層次無法進行推理，不能對某一狀況和過去的歷史進行比較。它是以認知科學家稱為「模式配對」（pattern matching）的方式運作。人類在基因上有什麼內建程式呢？在整個演化歷史中，那些提供食物、溫暖和保護的狀況和東西會引發正面的情感。這些狀況包括：

　　　　溫暖、舒適、明亮的地方，

　　　　溫和的氣候，

　　　　香甜的口味和氣味，

　　　　明度高、飽和度高的色彩，

　　　　「撫慰」的聲音及簡單的旋律和節奏，

　　　　和諧的音樂和聲音，

　　　　擁抱撫觸，

　　　　微笑的面孔，

　　　　有節奏的拍子，

　　　　「有吸引力」的人，

對稱的東西，

圓潤平滑的東西，

能激發美的感覺、聲音和形狀。

同樣的，下面是一些會自動引起負面情感的狀況：

高處，

突然、意外的巨大聲響或亮光，

「陰森逼近」的東西（物體看起來將要撞上觀察者），

太冷或太熱的環境，

黑暗，

太亮的光線或太大的聲音，

空曠平坦的地帶（沙漠），

擁擠茂密的地帶（叢林或森林），

擁擠的人群，

苦味，

尖銳的東西，

刺耳、意想不到的聲音

磨擦聲、不和諧的聲音，

畸形的人體，

蛇和蜘蛛，

人的糞便（和它的味道），

他人的體液，

嘔吐物。

　　這些列表是我對人類系統的基因可能內建的本能反應程式所做的最佳猜測。其中有一些項目還存在爭議，另外可能需要增加一些新的項目。有些項目在政治上是不正確的，因為它們似乎在整個社會認為微不足道的面向上做出價值判斷。人類強大的反思層次使我們比其他動物優越，使我們能夠克服本能、純生物層次的支配。我們能克服我們的生物遺傳。

　　值得注意的是，有些生物機制只是具有先天素質而非發育完全的系統。因此，儘管我們都有害怕蛇和蜘蛛的傾向，但並不是所有人都害怕：這需要透過經驗來鍛鍊。儘管人類的語言來自行為層次和反思層次，它提供了一個先天素質與後天經驗互相影響的好例子。人類大腦為語言做好了準備：大腦的結構，也就是腦內不同構造組合和交互作用的方式，限制了語言的本質。兒童並不是生來就懂語言，不過，他們確實具有這種先天的素質並為學習語言做好準備。這是生物基礎。但是你所學的特定語言和你說話的口音都是由經驗來決定。大腦為學習語言做好準備，除非具有嚴重的神經和身體殘缺的人，每個人都能學會語言。此外，這種學習是自動的，我們可能要到學校去學習讀和寫，但我們不用上學就能聽和說。口語或

聾啞人的手語，都是自然而然的。儘管語言有所不同，但是它們具有某種通用的規則。不過，一旦學會了第一語言，就會深深影響以後學會的其他語言。如果你曾嘗試在十八歲之後學習第二語言，你就會知道它與學習第一語言有多麼不同，與潛意識、不費力氣地學習第一語言的經歷相比，它困難多了，需要反思和意識。對於年長的語言學習者而言，口音是最難學習的東西，因此那些在後半生才學習語言的人可能在說話、理解與寫作時可以十分順暢，但還是有第一語言的口音。

tinko 和 losse 是精靈語（Elvish）中的兩個字，精靈語是英國哲學家托爾金（J. R. R. Tolkien）為他的《魔戒》（*The Lord of the Rings*）創造的虛構語言。tinko 和 losse 這兩個字，哪一個是指「金屬」、哪一個是指「雪」呢？你怎麼可能會知道？令人吃驚的是，當被迫進行猜測時，多數人會做出正確的選擇，即使他們從來沒有讀過這本書，從來沒有看過這兩個字。tinko 有兩個強烈的爆破音「t」和「k」；losse 則有柔和的流暢音，開始是「l」，接著是母音和齒擦音「ss」。請注意，在英語詞彙中也有類似的模式，在 metal（金屬）中強音「t」和 snow（雪）中的柔音形成對照。是的，在精靈語中 tinko 是金屬，losse 是雪。

精靈語這個例子說明某種語言的聲音和詞彙意義之間的關連。雖然乍看之下聲音沒有意義，畢竟詞彙是隨意的，但是日益增多的證據顯示聲音和特定的一般性意義有所關連。例如，母音是柔和親

切的：feminine（女性）就是一個常用的詞彙；而 harsh（刺耳）這個字聽起來很刺耳，就像 harsh 這個字的意思一樣，特別是「sh」的聲音。Snakes（蛇）發出嘶嘶聲地滑行，注意其中的齒擦聲發嘶嘶聲的「s」音。爆破音是由空氣受到短暫阻礙，然後迅速釋放而形成的，是堅硬的金屬聲。Masculine（男性）就是這類例子，而 mosquito（蚊子）中的「k」和 happy（快樂）中的「p」也都是爆破音，而且有證據表明詞彙的選擇不是隨意的：聲音的象徵意義支配著語言發展。例如，藝術家和詩人早就知道聲音可以激發讀者（或更準確的說，傾聽詩的人）的情感和情緒。

所以這些先天機制對於日常生活和其他人與物間的互動都很重要。因此，它們對設計也很重要。設計師運用這種大腦的科學知識進行更有效的設計，並沒有簡單的規則可循。因為儘管人們具有形式上基本相同的身體和大腦，但是人的心靈卻非常複雜，有非常大的個別差異。

情緒、心情、特質和人格都是人們不同方式心理活動的各個層面，特別是在情感和情緒領域。情緒可以在一段相對短的時間內改變行為，因為情緒是對最近事件的反應。情緒持續相對而言較短的時間，大概有幾分鐘或幾小時；心情持續較久的時間，可能有幾小時或幾天；特質持續很久，長達數年甚至一生；而人格則是個人持續一生特質的總和。不過，這些都是可以改變的。我們都有多重人格，與家人一起時會突現一些特質，與朋友一起時會突顯另外的特

質。我們會改變自己的操作參數，以適合我們所處的狀況。

你是否曾經興致勃勃地看一部電影，然後第二次看時很想知道自己在第一次究竟看到了什麼？無論是在與人交流時、在運動時、在讀書時，還是在林間散步時，在生活中的任何時候都會碰到同樣的現象。這個現象會使那些想知道如何設計所有人都適用的東西的設計師感到痛苦，因為這個人所接受的可能就是那個人所拒絕的。更糟的是，這吸引人的東西，過會兒可能就不再吸引人了。

這種複雜性的源頭能夠在三種運作的層次中找到。儘管在本能層次上，全世界的人都大致相同，但還是有個別差異。例如幾乎每個人在出生時都會懼高，有些人由於過度恐懼而不能正常活動——他們患有懼高症，而其他人只有輕微的害怕，他們能克服這種感覺到足以去登山、表演馬戲團節目，或去從事其他必須在高空進行的工作。

然而，行為層次和反思層次對經驗、訓練和教育很敏感。文化觀念在這裡起很大的作用：一種文化所崇尚的東西，另一種文化卻不一定崇尚。事實上在青少年文化中看起來不討喜的東西，純粹只是因為它們在成人文化中受到喜愛。

那麼，設計師可以做什麼呢？這是本書後面章節中的一個主題。但這些挑戰應看成是機會。設計師從來不怕沒東西可以設計，也不怕沒有新的研究方法。

2
情感的多重面貌與設計
The Multiple Faces of Emotion and Design

　　用過晚餐後，我的朋友安德烈炫耀地拿出一個可愛的皮盒。「打開它，」他很驕傲地說：「然後告訴我你覺得怎麼樣？」

　　我打開了盒子。裡面有一組發亮的不鏽鋼機械製圖工具：分角器、圓規、圓規臂、各式各樣的圓心、鉛筆芯盒，和裝在分角器與圓規上的鴨嘴筆。只缺 T 型尺、三角板，還有製圖桌。還有墨水，那個 India Ink 黑墨水。

　　「很可愛，」我說：「那真是美好的舊日時光，當時我們是用手製圖，而不是用電腦。」

　　我們撫弄這些金屬用具的時候，眼睛都朦朧了。

　　「但是你知道，」我繼續說著：「我痛恨它。我的工具總是會脫落，我還沒畫好圖，圓心就移動了。還有墨水——哈，墨水——總是在我完成一張圖之前就弄髒了。全毀了！我過去曾詛咒它，對它又吼又叫。還有一次我把整瓶墨水灑在圖上、書上和桌上。墨水洗不掉。我痛恨它。我痛恨它！」

　　「是的，」安德烈笑著說：「你是對的。我忘了我多麼痛恨它。最糟的是筆尖上有太多的墨汁！但這套用具是好的，不是嗎？」

　　「很好，」我說：「只要我們不必用它就好。」

　　這個故事表示出認知和情感系統的這幾個層次——本能的、行為的和反思的—在運作，同時相互對抗。首先，看見設計精美的皮盒，閃閃發光的不鏽鋼用具，以及感受到它們舒適的重量時，最基

本的本能層次產生愉悅的反應。這種本能層次的反應是立即且正面的，同時促使反思系統回想起過去幾十年前我和朋友在實際使用這些工具時的「美好時光」。但是我們越是回想過去，越是想起當時的負面經驗，在那裡它們與最直覺的本能反應互相衝突。

我們想起事實上我們的表現很糟，這些工具從來就無法控制，有時候害我們幾個小時不能工作。這時候，在我們倆的心中，本能層次正和反思層次進行對抗。這些經典的工具外觀看起來很吸引人，但是對關於使用它們的經驗卻是負面的。不過由於情感的力量會隨著時間流逝而慢慢消失，由回憶引起的負面情感不會勝過那些由工具本身的外觀所引起的正面情感。

情感的不同層次起衝突在設計中是很常見的：真實的產品會有一連串的衝突。人在多種層次上詮釋同一個經驗，但是對某個層次有吸引力的，卻不一定在另一層次有吸引力。一個成功的設計必須在各個層次上都很出色。例如，儘管邏輯上驚嚇顧客是件壞事，但是遊樂園中有很多遊客就是為了去體驗那些設計來驚嚇顧客的纜車和鬼屋。不過，這些驚嚇是發生在一個安全無慮的環境中。

每個層次的設計需求差別頗大。本能的層次是先於意識、先於思維的。這是外觀發揮影響的層次，也是形成第一印象之處。本能層次的設計關係到產品一開始產生的影響，包括產品的外觀、觸感和感覺。

行為層次則與產品的使用和產品給人的體驗有關。但是體驗本

圖 2.1 跳傘：是對高空的先天恐懼感，還是一次愉快的體驗？（Rocky Point Picture，圖片提供：Terry Schumacher）

身包含很多面向：功能、性能和易用性。產品功能是代表它可以支持什麼樣的活動，它能做些什麼——如果功能不當或是沒有什麼利益，那麼產品幾乎沒有什麼價值。性能是關於產品能把那些要求的功能執行得多好——如果性能不當，那麼產品就算失敗。易用性（usability）指產品的使用者很容易理解它如何運作，和如何使它執行工作。當人們在使用產品的過程中，感到迷惑或沮喪時，會造成負面的情感。不過，如果產品確實滿足了需要，在使用時充滿了樂趣而且很容易實現目標，就會產生溫馨正面的情感。

　　只有在反思層次上，意識還有最高層級的感覺、情緒和認知才會存在。只有在這裡才能體會到思維和情緒兩者的所有影響力。在較低的本能和行為層次上只有情感，沒有詮釋或意識。詮釋、理解

和推理都來自於反思層次。

在這三種層次中，反思層次最容易隨文化、經驗、教育和個別差異的變化而改變。這一層次可以凌駕於其他層次之上。因此，例如有些人很喜歡令人反感或恐懼的本能體驗，而有些人可能會非常討厭；或有的人對某個設計完全無法接受，而其他人卻覺得這個設計十分有魅力或吸引力。複雜化的設計常常忽略了大眾的需求，而某個設計吸引眾人的特點又剛好會令某些知識分子受不了。

這些層次之間還有另一個差別：時間。本能和行為層次的設計是關於「現在」，是你實際上所看到的，以及使用產品時的感情和體驗；而反思層次會持續很久的時間——透過反思你可以回想過去和思考未來。因此，反思層次的設計和長期關係有關，也和擁有、展現和使用產品時所引起的滿足感有關。一個人的自我認同就屬於反思層次，這個層次也是產品與你的認同之間交互作用的重要之處，像是你所表現出來擁有或使用某物的驕傲（或羞恥）。與客戶互動和客戶服務也與這個層次有關。

三種層次的運用

這三個層次相互影響的方式很複雜。不過為了應用，加以簡化可能很有幫助。因此，儘管科學家的我會抗議我即將要說的話太過

於簡單，但是身為設計師的我會說這樣簡化已經夠好了，更重要的
是它很有用。

　　這三種層次可以對應的產品特性如下：

本能層次的設計 ➡ 外觀

行為層次的設計 ➡ 使用的樂趣和效用

反思層次的設計 ➡ 自我形象、個人滿足、記憶

　　但這樣的簡化也很難應用。是否有些產品應該主要是以本能層
次為訴求，有些產品主要以行為層次為訴求，而還有些產品主要是
以反思層次為訴求？如何在某個層次的需求與其他層次的需求之間
取捨呢？如何把本能的愉悅轉化為產品？會不會同樣的東西讓一群
人興奮卻讓其他人沮喪？同樣地，在反思層次上，一個深刻的反思
要素會不會吸引了某些人，卻讓另外一些人討厭或反感？是的，我
們都同意行為層次的設計很重要——從來沒有人反對過易用性——
不過究竟在整個設計中該佔多高的比重呢？這三種層次的每一個層
次如何與其他層次進行重要性比較呢？

　　答案當然是沒有任何一種產品可以滿足每個人。設計師必須知
道產品是為誰設計的。儘管我分別描述了這三種層次，但是任何的
實際感受都包含了所有三個層次：在實務上很少只涉及單一層次，
如果真有這種例子，那麼它最可能來自於反思層次，而不是行為和

本能的層次。

　　讓我們探討設計的本能層次。一方面這看起來是迎合人們最簡單的一個層次，因為它的反應是生物性的，而世界上的每個人都是類似的。但是這不一定直接轉化成偏好。而且，儘管所有人都具有相似的體形、四肢、心智構造，但仔細說來，每個人卻有很大的不同。有人身強力壯，有人弱不禁風，有人充滿活力，也有人慵懶遲滯。人格理論根據諸如個性外向、親和性、責任感、情緒穩定度和開放性等向度，對人們進行分類。對設計師而言，這意味著沒有任何一個設計能滿足所有的人。

　　另外，本能的反應程度也有很大的個別差異。因此，雖然有些人喜歡甜點，特別是巧克力（有些人聲稱是巧克力迷或者是「巧克力成癮」〔Chocoholics〕），但許多人卻能不為所動，即使他們也喜歡甜點。幾乎所有人開始都不喜歡苦味和酸味，你可以培養對它們的感情，而且它們往往是那些最昂貴餐點的某一種成分。許多成年人喜歡的食物在人們初次品嘗時都不會喜歡：咖啡、茶、含酒精的飲料、辣椒，甚至是令人作嘔的食物——牡蠣、章魚和魚眼球。儘管本能系統已經演化到能避免身體遭受危險，許多我們喜歡和追求的體驗，都包括恐怖和危險：驚悚小說和電影、挑戰死亡的旅程和恐怖、冒險的運動。正如我所提到的，冒險和感到危險所帶來的快樂在不同人之間有很大的差異。這種體驗的差異是人格的基本要素，人與人之間的差異使我們每個人都獨一無二。

走出戶外，呼吸新鮮空氣。

看看日落。

男孩，那會使你老得很快。

—— XBOX 廣告（微軟的電腦遊戲機）

　　微軟的 XBOX 廣告活動文案吸引青少年（不論他們實際年齡有多大），他們追求高度喚醒本能的快感和刺激的遊戲，與這些人形成對比的是寧願選擇普遍接受傳統道德標準的人，落日和新鮮空氣就足以讓他們滿足了。這一個廣告讓在戶外靜靜地享受日落的反思層次的情感，對抗不斷處於快速動作、專注於電玩的本能和行為上的情感。有些人可以花好幾個小時欣賞日落，有些人不到幾秒鐘就會感覺厭煩，並且重複地嘮叨：「這我來過了，這我做過了。」

　　由於這個世界上的人在個體、文化和體質上有很大的差異，單一的產品不可能使每一個人都滿意。有些產品確實行銷到全世界，不過，除非實際上沒有任何替代品，或者透過靈活的行銷和廣告手法，設法吸引不同的人，才有可能成功。因此，可口可樂和百事可樂維持全球性的成功，一方面是利用了人們對飲料的普遍喜好，另一方面是透過了巧妙且具有文化特色的廣告。個人電腦在世界上的成功，歸因於它們的用處超過了它們（不計其數）的缺陷，也因為實際上人們並沒有其他的選擇。但是，多數的產品不得不接受個別差異的影響。

　　滿足各種需求和偏好的唯一方式是生產各式各樣的產品。許多產品類別都具有差異性，每一種產品都適合不同的人。雜誌就是一個很好的例子，世界上有數以萬計的雜誌（在美國就有接近兩萬種），而試圖去迎合所有人的雜誌是相當罕見的。甚至有些雜誌標榜其特色，指出它們並不是給所有人讀的，而是專屬於那些具有特定嗜好和品味的人。

　　大部分的產品類別──家用電器、商店或園藝工具、家具、文具商品、汽車──分布於世界不同的地方，利用不同的方式製造，具有各式各樣的風格和樣式，而這又倚賴它們的目標市場區隔（market segmentation）的需求和偏好。市場區隔是關於這一種方式的行銷用語。汽車公司生產了各式的汽車款式，不同的汽車公司著重於不同的市場區隔。有些是為了年長穩重有成就的人；有些是為年輕而喜歡冒險的人；有些是為了那些真正需要進入荒野、穿越河流和森林、上下坡及穿越泥濘、沙灘和雪地的人；而有些汽車則是為了那些喜歡給人一種喜歡從事這類冒險活動的形象，但是實際上從來沒有做過這類活動的人而設計的。

　　產品的另一個重要面向在於它對情境的適合度。從某種意義上來說，這一點適用於所有的人類行為：在某一個情境下適當而且受歡迎的行為，在另一種情境下可能不適當，而且會遭到拒絕。我們所有人已經學會了調整我們的語言，譬如在與朋友互動時很隨意，而在嚴肅的商務會議上報告時，或與我們朋友的父母或教授互動時

，都會比較正式而措辭不同。適合於夜店的服裝在工作中不適合；
可愛舒適的產品或詼諧滑稽的產品可能不適合用來裝飾辦公室；同
樣地，適合工廠地板的工業風格設計，對於家庭的廚房或客廳並不
恰當。

　　賣給家庭的電腦往往比辦公室所用的電腦功能來得多，而且揚
聲系統更好。事實上，許多商用電腦不具有一般家用電腦的標準配
備，例如撥號數據機、揚聲系統或 DVD 播放器。原因是這些是娛
樂和遊戲的必需裝置；而娛樂和遊戲活動在嚴肅的辦公環境中並不
適合。如果電腦看起來太誘人或是太好玩，管理階層的人會拒絕購
買。有些人覺得就是因為這樣而損害蘋果電腦的銷售量，因為蘋果
電腦被認為是一種家用、教育用或是繪圖用的電腦，而不適合上班
族。這其實是形象的問題，因為不論是由蘋果公司製造的，還是由
其他廠商製造的，不論是蘋果作業系統，還是微軟作業系統，事實
上電腦的性能是十分相近的，但其外在形象和心理層面的認知決定
了人們會購買什麼樣的電腦。

　　需求（needs）和**欲求**（wants）這兩個用語是區分一個人的活
動真正必要的（需求），以及一個人所想要的（欲求）之間的差異
的傳統分類方式。需求由工作決定：水桶是運送水所需要的，某種
公事包是上下班攜帶文件所需要的；欲求是由文化、廣告，和一個
人看待自我的方式和自我形象所決定的。儘管學生背包甚至是紙袋
，用來攜帶文件也非常好用，但是背著這樣的包包參加嚴肅的「有

權力的」公司會議可能會令人尷尬。尷尬當然是一種情緒，反映出一個人對行為適合與否的感覺，而且確實發自於內心。產品設計師和行銷主管都知道，欲求通常比需求更能決定產品的成功。

　　滿足人們真實的需求，包括不同的文化、年齡、社會和國家的需求，的確很困難。現在還必須進一步迎合那些實際購買產品的人多種的欲求──念頭、看法和偏好，這項任務變成一個很大的挑戰。請注意有許多人是為了其他人而購買產品：像是為了設法降低成本的公司採購部門；為孩子購買商品的父母；還是不管未來居住者是否會使用就將房子加裝了一些設備以幫助銷售的房地產業者。對某些設計師來說，這些挑戰似乎難以應付，而對另外一些設計師來說，這些挑戰則賦予他們靈感。

　　我們可以舉出一個這類挑戰的例子：電玩遊戲控制桿的銷售。電腦遊戲機目標明確地直接對準了傳統的遊戲市場：年輕男性，不管是對於運動類還是射擊比賽類的遊戲，都喜歡刺激和暴力、都喜歡豐富的圖像和良好的音效，而且反應迅速。遊戲機的設計和廣告都反映了這一形象：高大、壯碩、功能強大、有技巧；年輕化、剛健、男性化。在這個市場上，遊戲機獲得了極大的成功，使得電玩遊戲的業績還超過了電影的票房。

　　不過，儘管這些機器的設計看起來是為了迎合年輕男性，但事實上電玩遊戲的市場更廣泛。現在的平均年齡是 30 歲左右，玩遊戲的女性和男性數量大致相同，而且它的魅力遍及全世界。在美國

，大約有一半的人會玩電玩，這些遊戲中有許多已經不再是野蠻和暴力的了。我在第 4 章將會論及作為新的娛樂和文學類型的電玩遊戲，不過在這裡我想先強調一個事實：儘管玩家眾多，遊戲控制桿的外形設計一直沒有改變以適應不斷成長的使用人口。它的設計還是定位於容易激動的年輕男性，這也限制了一部分潛在客群的銷售，其中不僅排除了許多成年女性和女孩，還排除了許多男性。電玩遊戲的龐大的市場潛力還沒有完全開發出來。

不僅如此，電玩的潛在用途遠遠超出了玩遊戲本身，它們可以成為完美的教學設備。玩遊戲的時候，你不得不學習令人驚訝的各式各樣的技能和知識，你認真的投入數小時、數週甚至數個月。你閱讀相關的書籍，一絲不苟地研究遊戲，積極地解決問題並與其他人合作。這些剛好是有效學習者的活動。如果我們對有意義的課題學習也同樣專注投入，那麼我們將會感受到一種無比美好的學習經驗。因此，遊戲機對每個人都具有很大的潛在影響，不過，這一點還未被系統化地研究開發。

為了打破傳統的電玩市場，這一行業需要規劃出別具一格的吸引力。這是設計的三個層次開始起作用的地方。在本能層次上，控制桿和控制器的外型需要改變。不同的市場需要不同的設計：一些設計需要反映更為溫馨的、女性化的取向；一些設計應該看起來更莊重、更專業；一些設計應該更具有反思層次的魅力，特別是那些針對教育市場的設計。這些變化不會使產品變得單調乏味，而是讓

它像原來那樣受歡迎且吸引人,但還強調它潛在的不同面向。它的外觀應該與其使用者及觀賞者相匹配。

今天,許多遊戲在行為層次上的設計都圍繞著強大的圖形顯示能力和快速回應。操作控制桿的技巧是區分初學者和高手的特徵之一。但是為了把客群擴展到其他領域,就必須改變遊戲產品的行為特性,強調豐富且細緻的圖像和資訊情報方面的結構。在許多領域中著重的是內容,而不應該是操作設備的技巧,這時就應該強調操作的容易程度。在內容重要的地方,使用者應該不必花太多時間掌控設備,同時能夠把時間和努力投入到掌握內容、享受樂趣上,和對此一領域的探索中。

現今的遊戲在反思層次的設計上顯示出某種產品的形象,且這種形象和功能強大、光滑造型的控制器外觀以及玩家所要求的快速反應是一致的。這種情形必須改變。廣告應該把這種裝置宣傳為適合各個年齡層的人們學習和教育的工具。一些控制桿外型的確應該繼續設計成強大的遊戲機形象,然而另外的一些控制桿外型就應該定位為學習的輔助工具。每一種形式都具有不同的外形、不同的操作模式,還有不同的廣告和市場資訊。

讓我們想像一下這樣做的結果。原本專門被用作電玩遊戲的設備,現在是計畫中的功能而呈現出不同的外型。擺在車庫裡,這種設備看起來會像修理廠的機器,具有嚴謹堅固的外觀,不易受損。它會是助教和助手,用來展示汽車操作手冊、機械配圖,和維修或

升級汽車步驟的簡短介紹影片；在廚房裡，它與廚房用具的裝潢相
配，成為烹飪助理和指導員；在客廳裡，它與家具和書籍相配，成
為參考手冊或百科全書，老師或是一種思考性遊戲（例如西洋棋、
紙牌、文字遊戲）的對手。對於學生來說，這種設備是激發學生模
仿、實驗和廣泛探索的興趣、有良好動機的學習主題來源，但是主
題必須經過謹慎的篩選，在你享受冒險的過程時自然地學習到這一
領域的基本原理。設計需要適合的觀眾、地點和目的。我在此描繪
的每件事都是可行的，只是還沒有去做而已。

勾起回憶的東西

真實穩定的情緒感受需要時間發展：它們來自於不斷的互動。
人們喜歡和珍惜些什麼？討厭和鄙視什麼？相對而言，表面外觀和
行為效用所扮演的角色相對渺小。重要的是互動的歷程、人們與物
品的聯繫，以及它們所勾起的回憶。

試想一下贈品和紀念物、明信片和紀念品，如圖 2.2 所展示的
艾菲爾鐵塔模型。很少人會認為這些東西很美麗，或把它們當成藝
術品。在藝術與設計界中，它們被稱為是庸俗品（kitsch）。《哥倫
比亞電子百科全書》（*Columbia Electronic Encyclopedia*）指出，
這個嘲笑低劣庸俗物品的用詞「自 20 世紀初以來一直被人認為是

做作的、格調不高的作品。有利可圖的商業化產品，如蒙娜麗莎絲巾，和對雕塑名作進行粗製濫造的複製品，都被形容為庸俗品，就像那些聲稱具有藝術價值，卻又缺乏說服力的、廉價的或濫情的作品一樣。」根據《經典美語辭典》（American Heritage Dictionary），「濫情的」（sentimental）指的是「由情緒而非由理性或現實性所引起或影響的」。「情緒而非理性」——嗯，沒錯，一針見血。

貝拉（Yogi Berra）如此說道：「再也不會有人到那裡了，太擁擠了。」把這句話轉換到設計，「沒有人喜歡庸俗品，太普遍了。」是的。如果有太多的人喜歡某個東西，這件東西一定在什麼地方有問題。但是，難道非常受歡迎的東西沒有告訴我們些什麼嗎？我們應該停下來思考它為什麼會這麼受歡迎。人們在它之中發現了價值。它滿足了一些基本的需求。那些嘲笑庸俗品的人所看到的往往都是錯誤的一面。

是的，著名畫作、著名建築和著名紀念物的廉價複製品是「廉價的」。它們幾乎沒有什麼藝術上的價值，只是對現有作品的複製，而且往往是拙劣的複製品。幾乎沒有什麼知識深度，因為創造力和洞察力是原作的一部分，而非複製品的一部分。與此類似的是，大多數的紀念品和流行飾品都很俗麗、矯情、「過度或虛假地感情用事」。儘管上述的說法對複製的紀念品本身而言可能是真實的，但是這種複製紀念品之所以重要，就是因為它是一種象徵、回憶或聯想的來源。**紀念品**（souvenir）一詞所指的是「回憶的象徵或一

圖 2.2 紀念品。儘管紀念品經常被指責為「庸俗品」，不值得被視為藝術品，但是紀念品擁有豐富的情感涵義，因為它們勾起了回憶。（作者收藏）

個紀念物」。藝術界或設計界嘲笑的濫情正是某種物品具有張力和廣泛流行的源頭。在圖 2.2 中所示的這種庸俗物品並非要假冒為藝術品，它們是用於幫助回憶的。

在設計界中，我們傾向於把美和情緒聯繫起來。我們製造有吸引力的、可愛的、生動的物品。然而不論這些特點有多麼重要，它們都不是日常生活中驅動人們的東西。我們喜歡漂亮的東西，是因為我們喜歡它們帶給我們的感受。在感情的領域裡，迷戀和喜歡醜陋的東西，與不喜歡被稱為漂亮的東西實在是同樣合情合理的。情緒反映了我們個人的體驗、聯想和記憶。

在《物品的意義》（*The Meaning of Things*）這本應該是設計師必讀的書裡，契克森米哈賴（Mihaly Csikszentmihalyi）和羅奇柏格—哈爾敦（Eugene Rochberg-Halton）研究什麼因素會使東西

變得很特別。這兩位作者走入別人的家中訪問住在裡面的人們，設法理解他們與他們相關的東西和物質財產之間的關係。他們特地要求每個人展示對他或她而言很「特別的」的東西，接著在詳盡的採訪中探討什麼因素使這些東西如此特別。結果那些特別的東西其實就是具有特別回憶或是聯想的東西，那些幫助擁有者喚起特別情感的東西。特別的東西都會喚起往事。特別之處很少會集中於物件本身：重要的是故事，一個回憶的特殊時刻。因此，一位婦女在接受契克森米哈賴和羅奇柏格─哈爾敦訪問時，指著她客廳裡的椅子說：「它們是我和丈夫最早買的椅子，坐在上面，我就會由它們聯想到我的家庭、孩子，與孩子坐在椅子上的情景。」

　　如果東西具有重要的個人相關性，如果它們帶來快樂舒適的心情，那我們就會留戀它們。不過，也許更有意義的是我們對場所的留戀：家中最喜歡的角落、最喜歡的地點、最喜歡的景色。我們所留戀的實在不是東西本身，而是與東西的關聯，和東西所代表的意義和情感。契克森米哈賴和羅奇柏格─哈爾敦把「精神能量」（psychic energy）視為關鍵因素。精神能量在這裡指的是心理能量、心理關注。契克森米哈賴的「心流」（flow）的概念提供了一個好例子。在心流的狀態下，你對於從事的活動變得如此專注和投入，彷彿和活動融為一體：你非常地投入，世界在你的意識中消失。時間停止，你只意識到活動本身。心流是一種激發的、迷人的和著迷的狀態。它可由與有價值的物件互動引起。「家用物品，」契克

森米哈賴和羅奇柏格—哈爾敦說：「以兩種不同的方式促進福樂的
感受，一方面透過提供熟悉的符號背景，它們再次肯定了擁有者的
身分；另一方面透過吸引人們的注意力，家用物品可以直接提供心
流的機會。」

　　或許最親密最直接的物品是我們自己動手製作的那些，因此就
有了自製的手工藝品、家具和藝術品的流行。與此類似的還有個人
相片，即使它們在技術上可能較差：影像模糊、畫面被截斷或手指
遮住了影像。有些可能是褪色了或被撕破後用膠帶黏起來的。比起
它們勾起的對特定人物或事件回憶的能力，它們的外觀就沒那麼重
要了。

　　2002 年我在舊金山機場觀賞展覽的例子，就生動地說明這一
點。這是世界上最有趣的博物館之一——特別是對我這樣深為日常
用品著迷，以及對人們和社會產生影響的技術所著迷的人來說。這
一次「袖珍紀念物」展覽，是有關紀念物在回憶中所引起的作用。
展覽展出了成千上萬的袖珍紀念碑、建築物和其他紀念品。展出這
些東西不是為了表現它們的在藝術上的品質，而是為了肯定它們的
情感價值，為了它們所勾起的回憶。簡單地說，是因為它們對擁有
者的情感作用。展覽提供的文字說明這樣描寫紀念品的作用：

　　　　建築紀念品的奇妙之處在於：同樣微小的模型在我們每個人
　　　　的心中勾起了非常不同的回憶。

　　儘管所有紀念品的目的都是讓我們去回憶，涵蓋的主題卻很廣泛：偉人和重要事件；戰爭及其引起的傷亡；俄勒岡州阿斯托里亞的歷史。這些都藉由象徵紀念物的袖珍模型來紀念。

　　然而，這些紀念品還有兩項目的。正如伊利諾州斯普林菲爾德的林肯墓園裡的鍍銅複製品，除了使我們回想起這位美國第十六任總統，它還激起對這個紀念物本身的回憶。紀念物可以幫助記住重要的人物和事件，紀念物的袖珍模型則可以幫助記住紀念物本身。

　　建築師葛夫（Bruce Goff）曾說過：「你會有理由在建築上做點什麼，那麼這就是真正的理由了。」不管建築物紀念品表面上的功能是什麼（或是根本沒有目的），它們的真正理由都是要激起人們的回憶。

　　我們之中看過那些袖珍模型的人不一定對這些物品有情感上的留戀──畢竟，它們不是我們的，它們是由其他人蒐集和展覽的。儘管如此，在我繞著展覽品觀賞時，我對於自己遊歷過的那些紀念物的模型最感興趣，可能因為它們使我回憶起當時的經歷。然而，不論哪一個紀念物，如果在情感上是負面的，我就會快速繞過避開它──不是避開物品，而是避開它在我心中勾起的回憶。

　　相片，幾乎比任何其他東西都具有情感上的特別吸引力：它們

是針對個人的，它們陳述故事。私人相片的影響力在於它能夠把觀看的人帶回到相關的社交事件中。私人相片是紀念品，是勾起回憶的東西，也是一種社交工具，它超越時間、地點和人物使回憶可以分享。在 2000 年，僅在美國就有 2 億台相機，或大約每個家庭有兩台相機，人們用這些相機大約拍攝了 200 億張相片。隨著數位相機的出現，再也不可能知道拍了多少相片，不過肯定會多更多。

儘管人們因為相片所保留的回憶而喜歡相片，但是將相片數位化傳送、影印、共享和展示等技術十分複雜且費時，妨礙了許多人保存、提取和分享他們所珍愛的相片。

許多研究表示，把放在相機裡的底片，轉變為可被分享的相片的工作讓許多人遭受挫折。因此，儘管拍了許多相片，但不是所有的底片都會被沖洗出來。在被沖洗的那些底片當中，有的從來就沒人看過。在有人看過的相片中，許多只是直接放回紙袋，整理到盒子裡，就再也不會重新翻看。（在攝影行業中這些盒子被稱為「鞋盒子」，因為他們經常用裝鞋的紙盒來存放。）有些人會仔細地把相片擺放到相簿裡，但我們很多人都有那種沒用過的相簿被擱置在壁櫥裡或書架上。

現在家庭最寶貴的資源之一是時間，處理那些美好的相片所花費的精力使它們的價值盡失。儘管將沖洗好的相片從紙袋裡取出並整理到相簿裡，與人們可以想像的一樣簡單，但是大多數人不會這樣做，我也不會。

　　數位相機改變了這項重點，但未改變攝影的原則。拍攝數位相片和分享顯示在相機上的畫面相對簡單了，但列印相片或把它們寄給朋友和熟人卻更麻煩了。雖然個人電腦能力強大，但是保存和展示沖印出的相片比電子版相片容易得多，電子相片有儲存上的問題，要用某種你以後可以再次找到它們的方式儲存。

　　因此，儘管我們喜歡看相片，但我們不喜歡花時間做一些維護工作和使它們便於查看的工作。設計的挑戰是要保留效能去除障礙，使它們更容易儲存、寄送和分享。讓人們在拍完照把相片存放了幾年後，更容易尋找想要的相片。這些不是簡單的問題，但除非它們被克服了，我們才能獲得攝影的全部好處。

　　儘管家庭相片都不同，如果到各個辦公室走一走，你會在辦公桌上、書架上和牆上看到某人鑲著相框的家庭相片：丈夫、妻子、兒子、女兒等等的家庭成員合影，有時是父母的相片。是的，還有這個人與公司總裁或其他人的合影，得獎的相片，或者在學院辦公室研討會的合影——所有與會者在會議期間聚在一起拍攝儀式性的相片，最後出版在回憶錄上並張貼在牆上。

　　不過，我要補充一下，這種個人展示極具文化敏感度。不是在所有的文化中都會將這樣的私人象徵陳列出來，有些國家很少在辦公室擺放私人相片，在家裡也不常見。不過，他們會把相簿拿給來訪者，親切地為來訪者指出每一張相片並加以介紹。有些文化完全禁止相片。儘管如此，在世界各地的主要國家中人們拍攝了數以億

計的相片，所以即使不會在公眾場合展示，它們也扮演一個強大的情感角色。

很明顯地，相片對人們的情感生活很重要，我們知道有些人衝回失火的家裡搶救珍貴的相片。它們的存在是維繫家庭的紐帶，即使在人們分開的時候。它們確保了長久的回憶且經常代代相傳。在攝影技術尚未誕生的年代，人們雇用肖像畫家去畫出被愛戴或被尊重的人的形象，這項工作需要坐著很長的時間才能有完美的結果。繪畫的優點是畫家可以改變人物的外型以適應他們的需要，而不受限相片的真實性。（如今數位化工具很容易取得，相片也變得容易修改。在修改全家福相片的同時，我們可以用一位家人在其他時候拍的相片中那張快樂微笑的臉，代替他現在這張愁眉苦臉。我對用這樣的方法修改家庭相片感到有點愧疚。但沒有人會注意到這個修改，甚至被修改的人也不會注意到。）今天，甚至隨著個人相機的普及，肖像攝影師仍然生意興隆，一部分的原因是只有專業人員才具有拍出高畫質的相片所需要的燈光和取景的專業技能。

相片只有影像，沒有聲音。英國布里斯托惠普（Hewlett Pac-kard）實驗室的研究科學家佛勒利希（David Frohlich）研發了一套系統，他稱為「聲音攝影」（Audiophotography），即具有聲道的相片，可以紀錄拍照這一瞬間周圍環境的聲音（是的，這是現代技術的巨大潛力之一）。報導過佛勒利希研發成果的寇文（Amy Cowen）說明它的重要性：「每一張相片都有一個故事、一個瞬間

、一段回憶，然而，隨著時間的流逝，相片記錄的內容開始消退，需要提示，以引起使用者回憶這些細節的能力。給相片增加聲音可以幫助保持回憶的完整。」

佛勒利希指出，今天的技術使我們既可以紀錄照相前後發出的聲音，也可以在相簿中展示它們時再放出這些聲音。聲音比形象本身以更豐富的方式記錄了情感背景。請想像一張全家福照把拍照前的二十秒鐘家庭成員之間的說笑也紀錄下來——可能接著是照完相後二十秒鐘的格格笑聲和放鬆的聲音。佛勒利希這樣描寫這一可能性：「紀錄拍照前後周圍的聲音提供了一種氛圍或狀態，它們確實可以幫助你更容易回憶起原來的事件。放在相片裡的懷舊音樂可以引起更多有關拍照時的情感和回憶，一個口述故事可以幫助其他人瞭解相片的含義，特別是攝影師不在的時候。」

自我感覺

回憶反映了我們的生活經歷，這些回憶使我們想起家人和朋友，經驗和成就，也增強了自我認識的能力。我們的自我形象比我們願意承認的要起了更重要的作用。即使那些否認對他人如何看待他們存有興趣的人，實際上也會在乎別人的看法，而這麼說只是為了讓其他人認為他們不在乎。我們言行舉止的方式，我們擁有的物品

、首飾和手錶，車子和房子，所有這一切都是我們對自己的公開表述。

自我的概念顯然是人類的一個基本屬性。根據我們已知的心理機制及意識和情緒所扮演的角色，很難想像出它還會是什麼別的方式。這一概念深植於大腦的反思層次，且高度依賴文化規範。因此在設計中並不容易處理。

在心理學中，對自我的研究已成為一個極大的產業，有大量的書籍、協會、期刊和會議。但是，「自我」是一個複雜的概念：它具有文化的特殊性。因此，東方和西方的自我概念差異很大，西方較重視個體，而東方較重視群體。美國人傾向於追求個人的卓越，而日本人希望成為他們群體中的好成員，希望其他人對他們的貢獻感到滿意。事實上，總的來說，在同樣情境下人們的行為很相似。而正是文化為我們帶來了不同的情境。因此，亞洲文化比歐洲和美洲文化更容易建立起一種共享的群體態度，而後二者則較常見個人主義的情境。但是，把亞洲人放在個人主義的情境下，把歐洲人和美洲人放在社會性共享的情境下，他們的行為也會非常類似。

自我的某些方面似乎是共通的，例如對受到他人尊敬的期望，即使被人讚揚的行為在不同文化中會有差異，但在崇尚標新立異的極端個人主義社會中與在崇尚一致的極端群體取向社會中，都會有這種受人尊敬的期望。

廣告業深知他人觀點的重要性，他們極力透過這種聯想來推銷

產品。將所有產品和快樂且滿足的人一起展示；展示人們正在做有心購買者可能夢想做的事情，例如浪漫旅行、滑雪、異國情調的場所和在外國用餐。展示名人，那些做為顧客榜樣或英雄的名人，讓顧客透過聯想形成一種值得購買的感覺。產品可以被設計來提高這些方面的價值。例如在服裝式樣上，一個人可以穿著俐落的剪裁或寬鬆的樣式，每一種服裝都意圖引出不同的自我形象。當公司或品牌的商標被印在衣服、皮箱或其他物品上，單單是這些名字的出現就告訴了其他人你的價值觀。你選擇購買並陳列出來的物品風格，就像反映出你的行為和本能一樣，反映你對公眾觀點的看法。你對產品的選擇，或者你在哪裡和怎麼生活、旅行和行事，無論是有意還是無意的，是有意識還是潛意識的，常常都是對自我的有力陳述。對於一些人來說，這一外在表現補償了個人內在自尊心的缺失。無論你承不承認、贊成還是反對，你購買的產品和生活方式都反映和樹立了你的自我形象，以及你在旁人心目中的形象。

　　誘發正向自我感覺的一個更有力的方式是透過個人的成就感。這是嗜好的面向之一，人們可以創造屬於他們自己的東西，藉由相同興趣的社團和團體來共享他們的成就。

　　從 1940 年代晚期到 1980 年代中期，希斯器材（Heathkit）公司販售電子元件套組給喜歡在家自己動手做的人，組裝自己的收音機、音響系統、電視機。組裝這些電子元件套組的人們以他們的成就，也以與其他的組裝者的共同關係而感到極其驕傲。把一套元件

組裝起來是個人的本事：組裝者越是不熟練，就越有特別的感受。電子專家不會像他們因為組裝元件套組而感到那麼驕傲，是那些沒有專門技術而大膽嘗試的人才會感到如此滿足。希斯器材在幫助新手方面做得非常好，該公司的使用說明手冊在我看來，是寫得最好的說明手冊。請注意，這些元件套組並不比同等級的電子設備便宜。人們購買元件套組是為了他們的高品質及成就感，而不是為了省錢。

在 1950 年代初期，貝蒂妙廚（Betty Crocker）公司推出了一種蛋糕粉，人們可以在家裡輕鬆地做美味可口的蛋糕。不慌不亂，只是加水混合然後烘烤。即使這項產品經過口味測試證實人們喜歡它做出來的結果，但它還是失敗了。為什麼？公司在事後進行研究調查以找出失敗的原因，正如市場研究員古伯特（Bonnie Goebert）和羅森佐（Herma Rosenthal）所說的，「這種蛋糕粉有點太簡單，消費者對於這個產品沒有參與感，沒有成就感。這使她感到自己很沒用，特別是當她穿著圍裙的媽媽仍在某處從頭開始使勁攪拌做蛋糕時。」

是的，對做蛋糕來說這樣太簡單了。貝蒂妙廚公司透過要求廚師在蛋糕粉裡加入一顆雞蛋，好讓做蛋糕的自豪回到這個活動中，解決了這個問題。很顯然地，把一個雞蛋加入準備好的蛋糕粉裡根本不等同於用個人的獨家配料「從頭到尾」烘烤。不過，加入雞蛋使烘烤活動有了成就感，只是把水倒進蛋糕粉裡卻看起來太微不足

道、太虛假了。古伯特和羅森佐總結了這一情境：「真正的問題與
產品本身的價值無關，問題在於聯繫產品和顧客之間的情緒關聯。
」是的，重要的就是情緒、自豪和成就感，甚至用蛋糕粉做蛋糕時
也是這樣。

產品的個性

　　正如我們已看到的那樣，產品可以具有個性，公司和品牌也可
以具有個性。試想一下我在這一章前面講到的改造電玩遊戲機的提
議。在一種版本裡，遊戲機是尋求刺激、本能感受的一種快速有力
的工具：響亮的隆隆聲和快節奏的冒險；在另一種版本裡，它是烹
飪助手：充滿影像畫面但卻資訊豐富，有食譜和說明如何準備食材
的影片；還有另外一種版本，它可能冷靜但有權威，指導如何進行
汽車維修或者解釋木工建築的構造。

　　在每一種版本裡，產品的個性都會改變。在合於使用與目標對
象的不同背景下，產品看起來和用起來也有所不同。行為上互動的
方式可以不同：在遊戲背景下充滿俚語和非正式語言，而在廚房裡
則是文雅和正式的語言。不過，就像人的個性一樣，一旦一個個性
被建立起來，設計的其他方面必須支持這個既定的個性結構。一位
深思熟慮的烹飪老師不應該突然開始猥褻的言行；無論何時維修受

到指責時，店員應該也不會引用波西格（R. M. Pirsig）的《萬里任禪遊》（*Zen and the Art of Motocycle Maintenance*）來討論汽車設計品質的哲學意義。

當然，個性本身就是一個複雜的話題，考慮產品個性的一個簡化方式就是認為它反映了產品的外觀、效用，以及在行銷和廣告上的定位等諸多決策。因此，設計的三種層次都扮演重要角色。個性必須合於市場區隔、必須前後一致。請想一想：如果一個人或產品有惹人討厭的個性，那麼至少你知道該期待什麼：你可以為此做出計畫。當行為不一致且不穩定，就很難預料了，而且偶然出現的正面驚喜也不足以克服因為無法預料後果所引起的失望和憤怒。

產品、公司和品牌的個性和產品本身一樣受到重視。《美國傳統字典》這樣子定義**流行**（fashion）、**風格**（style）、**時尚**（mode）和**風尚**（vogue）：「這些名詞是指在某段時間的服裝、裝飾、行為或者生活方式上所盛行或偏好的方式。流行是其中含義最廣的用語，通常是指與主流社會或任何文化或次文化採用的習俗一致：長髮在某一時期裡就曾經是流行；風格有時可與流行交替使用，不過如同時尚，它強調對優雅標準的執著：擁有風格的旅行；在 1960 年代晚期迷你裙是時尚。風尚用於廣泛盛行的流行，且經常暗指熱情但短暫的接受度，如幾年前某種電腦遊戲的風尚。」

流行、風格、時尚和**風尚**的存在證明了設計的反思部分很脆弱。今天喜歡的東西明天可能不喜歡了。改變的原因甚至是因為某樣

圖 2.3 17 世紀的流行。左邊是巴伐利亞（Bavaria）的 Maria Anna，法國皇太子妃；右邊是一個「年輕優雅」的男子。（Braun 等人，圖片提供：美國西北大學圖書館）

東西是過去被喜歡的：當太多人喜歡某個東西時，這個東西就不再
被認為適合上流社會的意見領袖擁有。畢竟，請想一想，一個人怎
樣才能成為一個領袖人物呢？除非他與眾不同：他在今天做的事情
是其他人明天做的事情，他在明天做的事情是其他人在後天做的事
情。他們小心觀察什麼是流行以便不去遵循流行，他們小心創造著
他們自己的反流行的流行。

　　如果大眾品味幾乎和實質內容無關，那麼設計師如何應付大眾
品味呢？嗯，這取決於產品的本質和這家公司生產它的意圖。如果
這項產品對人們的幸福生活很重要，那麼正確的回應是忽略大眾感
性上的頻繁轉變，而以持久的價值為目標。是的，產品必須吸引人
，還必須令人感到快樂和有趣。不過，它也必須是有效的、可理解
的，以及價格合理。換句話說，它必須努力在設計的三種層次之間
取得平衡。

　　就長期而言，具有良好品質和有效性能的簡單風格仍然會成功
。因此，製造辦公設備或家電的公司，或做運輸、買賣或資訊的網
站，明智的策略是牢牢抓住這些基本原則。在這樣的情況下，任務
會決定設計：使設計適合任務，因此產品可以運作得更順暢，而且
在其廣大使用者和廣泛用途中，一定會更有效。也正是在此，會有
多少不同產品的數量是依據特定任務的性質和經濟考量而決定的。

　　然而，還有一類產品，它們的目標是娛樂或是展現風格，或者
也可能是提高個人形象。這就是流行發生作用的地方。在此，人們

彼此之間有很大的個別差異，而文化差異也很重要。在這個情況下
就是人和市場區隔決定設計。要使設計適合目標族群的市場區隔，
或許需要多種針對不同市場區隔的設計，另外或許也需要按照市場
動向，在風格和外觀上快速做出改變。

　　為反覆無常的流行而設計頗為棘手。有些設計師可能把它視為
一項艱鉅的挑戰，另一些人可能看成是一個機會。從某種意義上來
說，這一分界線常把大公司和小公司區分開來，或是常常把市場領
導者和競爭者區分開來。對市場領導者的公司而言，流行持續改變
，同時在世界各地對相同產品有著各式各樣的偏好，對他們來說這
都是巨大的挑戰。公司到底要怎麼維持下去？公司要怎麼追隨這些
變化甚至預期這些變化？公司怎樣有效地維持許多必要的生產線？
至於對競爭對手的公司而言，這些相同的問題卻代表了機會。小公
司可以很靈活，可以快速進入市場，並使用相較保守的大公司所不
願嘗試的方法。小公司可以離經叛道、與眾不同且具實驗精神。它
們可以開發眾人的興趣，儘管產品最初只有少數人購買。大公司同
樣試圖進行實驗，它們嘗試分出更小、更靈活的子公司，有時候甚
至使用截然不同的子公司名稱，使它們看起來與母公司毫不相干。
總而言之，這是個持續在變化、戰火不斷的消費市場，在此流行可
以和實質內容一樣重要。

　　在這個世界上的產品中，品牌是一種識別標誌、一種象徵，代

表了公司及其產品。特定的品牌會引起一種將消費者吸引或推離的情緒上的反應。品牌已成了情緒的表徵，它們帶來的情緒反應引導我們靠近或遠離一項產品。可口可樂前首席行銷主管柴曼（Sergio Zyman）曾經說；「感性品牌行銷就是要建立品牌與使用者之間的情感聯繫，建立起品牌或產品長期的價值。」不僅如此，它包括了產品和個體的全部關係。柴曼還指出：「感性的品牌行銷是以獨特的信任為基礎，這種信任是與觀眾一起建立起來的。它將基於需求的購買提昇到基於欲求的購買。我們對於一項產品或一間機構所做的承諾，當收到我們喜愛的品牌寄來的精美禮品時感到的得意；或是當某人叫出我們的名字或意外送給我們一杯咖啡當禮物這類激勵人心的環境下的正向購物經驗——這些感情就是感性品牌行銷的核心。」

有些品牌僅僅提供訊息，基本上只是為公司或它的產品命名。但是整體而言，品牌名稱就是一種象徵，代表了一個人對一項產品和生產這項產品的公司的全部感受。有些品牌代表了品質和高價位，有些代表了以服務為中心，有些代表金錢的價值，還有些品牌象徵劣質的產品、冷漠的服務或最大的不便。當然，大多數品牌名稱並沒有意義，根本不具有情緒的力量。

品牌全都與情緒有關，而情緒又與判斷有關。品牌是我們情緒反應的符碼，這是為什麼品牌在這個商業社會如此重要的原因。

　　本書的第一部分可以總結如下：情感設計的基本工具。有吸引力的東西確實更好用——它們的吸引力喚起了正向的情緒，使得心理處理歷程更富有創造性、更能容忍輕微的困難。三種運作層次引導出了對應的三種設計形式：本能的、行為的和反思的。每一層次在人類行為中都扮演了關鍵性的角色，而每一層次在產品的設計、行銷和使用中也都有同樣重要的作用。現在該探討一下如何應用這項知識了。

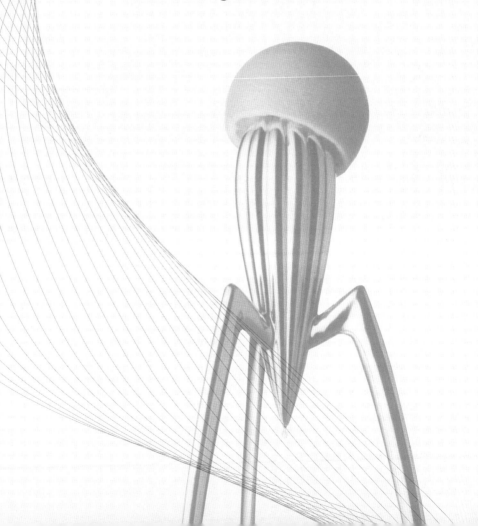

Part 2
實用的設計
Design in Practice

3

設計的三個層次：
本能、行為、反思

Three Levels of Design: Visceral, Behavioral, and Reflective

記得有一次我猶豫要不要購買愛寶琳娜（Apollinaris）的經驗，這是一種德國礦泉水，當時純粹因為我覺得將它放在我的架子上會很好看。打開後發現它真的是非常好的水，但是就算它沒那麼好我還是會買。

瓶身的綠色、標籤的米黃色和紅色商標搭配起來非常好看，品牌所使用的字體，讓這種大量消費品變成了廚房內的裝飾品。

—— Hugues Belanger

電子郵件，2002

當時正是午餐時間。我和朋友在芝加哥的市區，我們決定去嘗試位在索菲特飯店（Sofitel Hotel）內的「建築師咖啡廳」（Café des Architectes）。當我們進入酒吧區，迎面的是美麗的展示：大量的水瓶，你可以在市場買到的那種，像藝術品一樣陳列著。

吧檯的整個後牆就像藝廊一樣：毛玻璃，隱約地從後面打出燈光來，從地面延伸至天花板，架子在玻璃的前方，每個架子上放置著一種不同的水瓶。藍色、綠色、琥珀色，這些美麗的色彩，玻璃雅緻地從後方照亮了它們，塑造出色彩的遊戲。水瓶就像是藝術品，我決定去找出更多有關這個現象的資訊。包裝如何使水瓶變成一種藝術形式？

「走進任何一家在美國、加拿大、歐洲或亞洲的雜貨店，你會

圖 3.1 瓶裝水。圖中左邊和右邊的瓶子很清楚是以取悅本能層次為目標：唔，中間的瓶子是最經濟的，它不貴而且好用。左邊的瓶子是沛綠雅（Perrier）礦泉水，已經非常有名，瓶子的形狀和那種綠色已經成為它的標誌。右邊的瓶子是由堤南（TyNant）生產的，瓶子如此可愛，搭配上它的深藍色，以至於人們把空瓶留下來當作花瓶。透明的塑膠瓶是由水晶泉（Crystal Geyser）生產：當你需要攜帶水時，它簡單、實用、經濟。（作者收藏）

發現瓶裝水品牌真正的潮流。」這是我考慮要放在一個網站上的議題。另一個網站強調的則是情感的角色：「包裝設計師和品牌管理者在找尋平面元素背後的意義，或整體設計所塑造的在品牌和消費者之間的情感連結。」在全世界大多數城市中，那些標榜完全健康的瓶裝水的銷售已經成為一筆大生意。以這樣的方式所賣出的水比汽油還貴。確實，它的花費也成了吸引力的一部分，心理的反思層次會說：「如果它這麼貴，那麼它一定很特別。」

還有一些瓶子很特別、十分講究美感且色彩繽紛。人們會留下空的瓶子，有時候再拿來裝水，證實了這項產品的成功是倚賴包裝，而非內容物。因此，就像酒瓶和水瓶被當成是房間的裝飾品，已遠遠超過它們原本的目的。另一個網站上說，「幾乎每個喜歡堤南天然礦泉水的人都承認會留下一兩個瓶子，當成家裡或辦公室的裝飾品、花瓶或當成嗜好收藏，而攝影師也十分以拍攝該水瓶為樂，因為它極上鏡頭。」（圖 3.1 中，插著花的瓶子就是堤南）

如何使一種品牌的水不同於其他品牌？包裝是一種解答，以水為例，有特色的包裝指的就是瓶身的設計。玻璃、塑膠，不論材質為何，瓶身的設計成就了這個產品。就是瓶身吸引著情緒的強大本能層次，產生了本能的直接反應：「哇！是的，我喜歡它，我想要它。」這就是一位設計師曾向我解釋的「哇」這個因素。

情緒的反思層面也參與其中，因為這個留下來的瓶子，也讓人回憶起當初點購或消費這些飲料時的情景。因為酒和昂貴的礦泉水

有時是在某些特殊的場合下購買的，這些瓶子成了這些場合的紀念品，帶有一種特殊的情感價值，成了有意義的東西，這並非基於東西本身，而是基於它們所創造的回憶，如同我在第 2 章提及的，回憶可以激起強烈、持久的情緒。

當純粹關注外觀上美感的問題時，設計的因子在此扮演的是什麼樣的角色呢？這裡主要依賴遺傳和先天的生理歷程。設計在這裡很容易會成為「視覺的糖果」，設計之於眼睛就像糖果之於嘴巴一樣甜美。然而就像只有甜味的糖果沒有營養價值，同樣地，這種外觀也是膚淺而空洞的。

人類對於世界上每樣事物的反應都很複雜，決定於多種不同的因素。有一些是外在的因素，就像受到設計師和製造商的操控，或是廣告和其他如品牌形象的影響。還有一些因素來自於內在、自身的私人經驗。設計三層次的每一層次——本能、行為和反思——在形成你的經驗中扮演各自的角色。每一層次都和其他層次一樣重要，但對於設計師來說，觸及每一個不同層次都有不同的途徑。

本能的設計

本能的設計就是順應自然法則。我們人類演化是為了在有其他人類、動物、植物，景觀、氣候和其他自然現象的環境下共存共榮

。於是，我們敏銳地調整自己去接收環境中強烈的情感訊號，這些訊號都是在本能層次自動解讀的。我在第 1 章所列出的那些特徵就是來自這個層次。因此，雄鳥在經過了優勝劣敗的演化過程後，牠們身上色彩鮮豔的羽毛變成對雌鳥最大的吸引力——所以，反過來，雌鳥的偏好就決定了雄鳥羽毛的優劣。這是一個反覆、共同調適的過程，每一種動物都歷經數代演變成為適合的物種。類似的過程也發生在其他物種的雄性和雌性之間，還有在跨物種需要共同調適的不同生命形式之間，甚至在動物和植物之間。

水果和花提供了一個植物和動物共同演化的好例子。自然的演化過程使得花變得對鳥和蜜蜂具有吸引力，好讓它們的花粉更容易散布；水果對靈長類和其他動物具有吸引力，好讓它們的種子更方便散布。水果和花變得越來越對稱、圓潤、平滑、觸感良好且色彩鮮豔。花具有令人愉悅的香味，而多數的水果嘗起來很甜，都是為了更吸引那些會吃它們並經由吐出或排泄來散布種子的動物和人們。在這種設計的共同演化中，植物如此改變是為了吸引動物，而動物如此改變是為了要被植物和水果所吸引。人們對於甜味、香味還有明亮、鮮艷色彩的喜愛，大概是得自於人和植物之間互相依賴的共同演化歷程。

人們對於對稱體型和臉型的偏好可能反映出對最健壯的選擇；不對稱的身體很可能是來自於基因或孕育生長過程中的缺陷。人們經由這些考量而選擇尺寸、顏色、外觀和生理上覺得具有吸引力的

東西。當然，文化也很重要，舉例來說，有些文化偏好較胖的人，有些則偏好瘦的，但即使在這些文化中，對於某些東西具吸引力或不具吸引力的看法，還是會有相同之處，即使過胖或過瘦是某些人的特定喜好。

當我們覺得某個東西「漂亮」，這是直接來自於本能層次的評斷。在設計界，「漂亮」通常會被嫌棄或貶為低俗、平庸或是缺乏深度和內容──但這是設計師的反思層次在發聲（明顯地試圖去克服直接的本能吸引力）。因為設計師希望同事覺得自己是具有想像力、有創意、有深度的，只是讓某個東西變得「漂亮」、「可愛」或「有趣」是不被接受的。但在我們的生活中，還是存在這些東西，即使它們很簡單。

你可以在廣告、傳統藝術或手工藝，還有小孩的東西中找到本能的設計。因此，兒童的玩具、衣服和家具，常會反映出本能的原則：主要是明亮、鮮豔的色彩。這是偉大的藝術嗎？不是，但是它卻令人感到愉悅。

成人喜歡探索遠超過那些基本的、與生俱來的生物性偏好之外的東西。因此，雖然苦的味道在本能上是不被喜愛的（推測是因為多數的有毒物都是苦的），成人還是會學習吃喝無數苦的東西，甚至喜歡上它。這就是一種「後天習得的品味」，會這樣說是因為人們必須經過學習才能克服不喜歡這些東西的天生傾向。所以同樣地，那些擁擠繁忙的空間或吵鬧的地方，以及不和諧、不悅耳的音樂

，有時還夾帶著不規律的節奏：所有這些東西在本能上都是負面的，但在反思層次上則可以是正面的。

在本能層次的設計原則是固定的，在全人類和所有文化皆是一致的。如果你是根據這些原則進行設計，那麼你的設計會一直是引人注目的，即使它有些簡單。如果你是為了世故、為了反思層次而設計，你的設計將會很容易過時，因為這個層次對於文化差異、時尚趨勢和潮流演變是相當敏感的。今日的世故會有明天變成老套的風險。偉大的設計，就像是偉大的藝術和文學，可以突破這些規則而永遠流傳，但是只有天賦異稟的少數人才能達到偉大的境界。

在本能的層次上，實質的特徵──外貌、觸感和聲音支配了一切。因此，一位主廚會專注於外觀的呈現，巧妙地鋪排盤子上的食物。好的形狀、清潔度和美感都是重要的因素。汽車的車門要令人感覺穩固，關門的聲音要聽起來很愉悅；哈雷機車的排氣管要發出一種獨特、具有威力的隆隆聲；汽車的車身要光滑、性感、誘人，就像圖 3.2 中的經典捷豹（Jaguar）敞篷車。是的，我們喜愛訴諸感官的曲線、光滑的表面，還有堅固實在的東西。

因為本能的設計和最初的反應有關，這並不難研究，只須直接把一個設計放在人們面前然後等待他們的反應。在最佳的情況下，對外觀的本能反應強烈到使人們在第一眼看到的時候會說：「我要這個！」然後他們可能會問：「這是用來做什麼的？」最後才問：「這要多少錢？」本能設計的設計師努力追求的就是這種反應，而它

圖 3.2 捷豹 1961 年 E 系列：本能上令人興奮。這輛車是代表本能層次設計威力的經典例子：豪華、優美、令人興奮。不出意料，這輛車是紐約現代藝術博物館的設計收藏品。（圖片提供：福特汽車）

也很有用。大多數傳統的市場調查都包含這方面的設計。

　　蘋果電腦發現，當他們開始引進色彩繽紛的 iMac 電腦時，銷售量立即飆漲，即使那些花俏的電腦其實內建的是幾乎等同於蘋果電腦其他銷售並不突出的款式的軟硬體。汽車設計師也靠著視覺設計而拯救了一家公司。當福斯在 1993 年重新推出他們的「金龜車」經典設計時，奧迪開發出 TT，克萊斯勒則生產了 PT Cruiser，三家公司的銷售量都提升了，這全是基於外觀。

　　有效的本能設計需要視覺和平面藝術家以及工業工程師的技能。形狀和造型重要，實體的感覺和材質質感重要，重量也很重要。本能設計就是和直接的情感衝擊有關，必須感覺很好，看起來也很好。感官享受和性感也很重要。這就是展示在店面、宣傳手冊、廣告和其他著重外觀的引誘物中的接入點（point of presence）所扮

演的主要角色。這些或許是商店爭取顧客的唯一機會，很多產品是
只憑外觀就被購買了。同樣地，高單價產品如果對潛在顧客欠缺吸
引力，可能就會面臨價格調降。

行為的設計

　　行為的設計全都和使用有關，外觀不那麼重要、基本原則不重
要，但效能卻很重要。這是那些著重在易用性的設計從業者所抱持
的觀點。好的行為設計規則眾所皆知並且時常被提及。的確，我也
將它們放在我之前的著作《設計＆日常生活》一書當中。在此重
要的是好的行為設計的四項要素：功能性、理解性、易用性和身體
的感覺。有時候感覺是產品背後的最基本原理。試想圖 3.3 的淋浴
設備，想像那感官的愉悅和水流沖過身體的感受。

　　在大多數的行為設計中，功能是最重要、最優先考慮的；一個
產品能做什麼？能達成什麼功能？如果產品不做任何有利的事，那
麼誰會在乎它是否運作良好？即使它唯一的功能是外觀好看，那也
必須達到這個目的。有些設計良好的物件在快實現目的時失去了目
標，而因此失敗。如果一個馬鈴薯削皮器不能削馬鈴薯皮，或一隻
手錶不能顯示準確的時間，那其他就都沒有用了。所以一項產品最

圖 3.3 行為層次設計的感官要素。行為層次設計強調東西的功用，在這個例子中，對淋浴的感官感受，經常是行為層次的好設計會遺漏的一個關鍵要素。科勒（Kohler Water-Haven）淋浴設備。（圖片提供：科勒公司）

開始必須通過的是行為測試，就是它是否能夠滿足需求。

　　表面上，讓功能發揮作用似乎是最容易達到的標準，但事實上卻是棘手的。人們的需求並不如想像中那麼明顯。當一種產品類別已經存在，我們就可能看到人們利用現有的產品學習如何改善。但是如果某個產品類別根本不存在呢？你要如何發現一個從來沒有人

知道的需求？這就是產品所必須突破的地方。

令人訝異的是，即使是已經存在的產品，設計師也很少會去注意他們的客戶。我曾經拜訪過一個重要的軟體研發設計團隊，目的是要看看他們所開發的一個已被廣泛使用的產品，那是一個擁有過多功能特徵的產品，但它還是沒辦法符合我每天的需求。我準備了一張問題清單，一張我在平常例行的活動都會拿出來檢驗的清單。此外，我還與不滿意此項產品的使用者進行查核。出乎我意料的是，我對設計團隊所說的大部分內容，對他們來說似乎相當新奇。他們不停地說：「非常有趣。」並同時記下大量的筆記。我覺得很高興，因為他們很注意聽我說，但我也覺得很困擾，因為這些基本論點對他們來說竟然是第一次聽到。他們從來沒看過人們使用這項產品嗎？就像很多其他業界的設計團隊一樣，這些設計師總是待在桌子前，想著新的點子，測試一個又一個的新想法。結果，他們不斷加入新的功能，但卻從來不去研究他們的顧客到底在進行什麼樣的活動，到底什麼樣的任務可能需要協助。任務和活動並非靠著各自獨立的功能完成的，而是必須花費注意力在一連串的動作上，一直到最終的目的──也就是真正的需求。好的行為設計的第一步，就是去瞭解人們是如何使用這項產品。而這個團隊連最基本的觀察都沒有做到。

產品研發有兩種：改善和創新。改善的意思是必須使現有的產品或服務變得更好；創新則是提供完全不同的執行方式，提供全新

的功能，那些在過去不可能達成的功能。在這兩者之中，改善簡單多了。

創新特別難評估。在還不知道打字機、個人電腦、影印機或行動電話之前，誰會想到我們需要這些東西？答案是，沒有人。今天我們很難想像沒有這些東西的生活，但是在它們被發明之前，除了發明家本身，沒有人可以想像它們的用途，在很多情況下甚至連發明家自己也錯了。愛迪生以為留聲機可以取代在紙上寫字的需求：商人可以口述他們的想法，然後把錄音寄出去；由於個人電腦一開始被誤解了，以致當時許多主要的電腦製造業者完全不重視個人電腦：一些規模曾經相當大的公司都不存在了；電話曾被當作商業設備，電話公司在早期還曾經勸阻顧客不要使用電話來進行非正式的談話或閒聊。

我們無法經由詢問潛在顧客的觀點來評估創新的價值，因為這是要人們去想像他們不曾有過的經驗。他們根據以往經驗的回答，會是非常糟糕的。人們說他們真的會喜歡的產品，結果之後在市場上卻失敗了；同樣地，他們表示他們就是沒興趣的產品，結果在市場上卻非常成功。行動電話就是個好例子。它一開始被認為只對少數的商人來說有價值。當時很少有人可以想像單純只為了個人的互動而隨身攜帶一支行動電話。的確，當剛開始人們購買行動電話的時候，他們通常會解釋他們不是想要使用行動電話，而是為了「萬一我遇到了緊急情況」。要在事實發生前預測一項產品的受歡迎程

度幾乎是不可能的，即使之後看來它是非常明顯的。

對於產品的改善主要來自於觀察人們如何使用現有的產品、找出難用之處，然後加以克服。然而即使在此，要決定哪些需求是比顯而易見的需求還更重要，仍然是很困難的。人們覺得要表達出他們真正的問題是很困難的。即使他們知道那是一個問題，也不會覺得那是一個設計的問題。你是否曾經用盡力氣也不能把鑰匙插入鑰匙孔，結果發現是上下放反了？或曾經將鑰匙反鎖在車內？或是已經將車門鎖上，才發現窗戶忘了關？所以你必須重新將車門打開，再倚身進去將窗戶關上。在這些事件中，你是否想過它們是設計的缺陷？或許沒有，你可能只是責怪自己。然而，它們都可以經由適當的設計而改善。在插入鑰匙孔的方式中，為何不設計一個對稱的鑰匙？讓它不論正反都可以插入？為什麼不設計要用鑰匙鎖上的車門，減少鑰匙被反鎖在車內的機會？為什麼不試著設計讓車窗可以從外面關上？所有的這些設計現在都存在了，不過需要透過仔細的觀察，設計師才會知道如何克服這些問題。

是否曾經將產品的電池裝反了？為什麼會發生這種事呢？為什麼電池不設計成只能擺放成同一個方向，讓它們不可能被放錯方向？我猜測電池製造商並不在乎，而購買或設定電池規格的設備製造商，他們從不覺得事情可能可以做得更好。標準圓柱形電池就是行為設計不良的最佳例證，它讓人們必須找出不同設備所特有的不同放置電池的方向，這是個瞭解這類失敗的好例子──更甚者，他們

還在表面標示警語，指出以錯誤方向放置電池會造成設備的損壞。

再來看看汽車。沒錯，我們很容易會注意到儲物空間應該要更大，或是座椅應該要更容易調整，但是一個像置杯架這麼明顯的物件又如何呢？人們喜歡在開車的時候喝咖啡或汽水。今天看來這已經是車內必要的裝備，但是它並非一直都被這樣認為。汽車已經存在大約一個世紀了，但是直到最近，置杯架才被認為適用於車內，而這項創新也不是來自於汽車製造商——他們拒絕了置杯架。事實上是小型製造商發現了這項需求，或許是因為他們已經為自己製作出了置杯架，而發現其他人可能也想要置杯架。很快地，所有種類的這種附加設備都開始生產了。這些東西相對來說並不貴，同時很容易安裝到車上：黏貼式托架、磁鐵托架、豆袋式托架。有些是裝在窗戶上，有些是在儀表板上，也有些是在座位之間。只因為它們這麼受歡迎，以至於製造商遲遲不把它們加進去當作車內的標準配備。現在有一大堆聰明的置杯架，有些人宣稱他們只因為置杯架而購買了這特別的車子。買一輛車子只單純為了它的置杯架？為什麼不？如果一輛車子只在每天通勤和市區裡短程的使用，方便和舒服是對駕駛者和乘客最重要的需求。

即使對置杯架的需求這麼明顯，德國的汽車製造商仍然拒絕它們，他們的解釋是，汽車是為了駕駛的，而不是為了喝東西。（我猜這反映出了德國過時的汽車設計文化，他們宣稱工程師知道的最多，並考量實際情形下駕駛人不當駕駛的研究，但是如果車子只是

為了駕駛，為什麼德國人還要提供煙灰缸、點煙器和收音機？）德國人只在美國市場因為他們沒有置杯架而銷售量下降時予以重新考慮。那些相信不必觀察人們如何使用他們產品的工程師和設計師，是我們面臨這麼多不良設計的主要原因。

我在 Herbst LaZar Bell（HLB）工業設計公司工作的朋友告訴我，曾有一家公司委託他們重新設計地板清潔機器，同時要滿足一長串清單的要求。置杯架沒有在清單之上，但或許它應該在清單之上。那些設計師在午夜拜訪地板保養工人，觀察他們如何清潔這麼多的商業大樓。他們發現清潔工人在操作大型清潔機器或打蠟機時，喝咖啡很困難。結果，設計師加入了置杯架。這項新設計對產品外觀和行為有很大的改善，本能的和行為的設計，已經在市場上證明成功了。置杯架對於新設計的成功有多重要呢？可能不多，除了象徵注意到顧客的真正需求，而這意味著有品質的產品。如 HLB 適時強調的，對於產品設計的真正挑戰是「瞭解最終使用者未能滿足及未能表達的需求」。那就是設計的挑戰──發現人們真正的需求，甚至在有這些需求的人們尚未表達之前就發現。

要如何發現「未能表達的需求？」當然不是經由詢問，不是經由焦點團體法，也不是經由調查或問卷。那時誰會想過要提出在車內放置杯架的需求？或是放在摺梯或清潔機器上呢？畢竟，和開車時相比，咖啡飲料看來不是一個在打掃時的必需品。只有在這樣改善實現了之後，人們才會相信這是明顯而必要的需求。因為多數人

不知道他們真正的需求，這需要仔細觀察他們的環境才能發現。受過訓練的觀察者常常可以指出人們沒有意識到的困境和解決的方法。但是一旦一項問題被提出，如果你命中目標，它就容易看出來。實際使用產品的人們的反應就會像是：「喔，是的，你是對的，真是痛苦，你可以解決嗎？那真是太好了。」

在功能之後的是理解。如果你不能理解一項產品，你就不能使用它，至少不會很好用。喔，當然，你可以記住基本的操作步驟，但是你可能必須一次又一次地記住才行。如果能夠充分被理解，一旦解釋某個操作，你會馬上說：「喔，是的，我懂了。」然後從那時候開始就不需要更多的解釋或提醒了。「學習一次，永不忘懷。」應該是設計的箴言。

欠缺理解，在事情出差錯的時候，人們將不知所措——然而事情總是會出錯。要有好的理解，祕訣就是建立一個合適的概念模式（conceptual model）。我在《設計＆日常生活》一書中曾指出，任何東西都有三種不同的心理意象。第一個意象存在於設計師腦中——稱之為「設計師模式」；人們操作產品或它運作時的意象——稱之為「使用者模式」。在理想的環境下，設計師模式和使用者模式應該要完全相同，同時也因此使用者能瞭解並適當地操作產品。唉，設計師不和使用者溝通，他們只是明確說明產品。人們形成自己的模式完全來自於對產品的觀察——它的外觀、如何操作它、它提供了什麼回饋，或者，任何形諸於文字的相關材料，如廣告或使

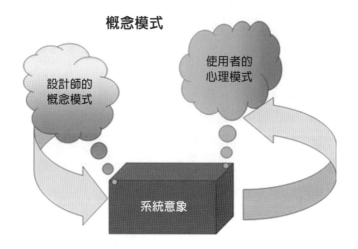

圖 3.4 設計師模式、系統意象和使用者模式。對成功使用一項產品的人來說，他們必須具備與設計師的心理模式（設計師模式）相同的心理模式（使用者模式）。但是設計師只能透過產品本身與使用者對話，因此，整個溝通必須透過「系統意象」進行：由實質產品本身表達系統意象的訊息。

用手冊（但多數人不會看那些手冊）。我將產品和文字性的材料所傳達的意象稱為「系統意象」。

如圖 3.4 所示，設計師只能透過產品的系統意象與最終使用者溝通。因此，好的設計師會確認是否最終設計的系統意象傳達了適合的使用者模式。唯一的方法透過測試：開發早期的產品原型，然後觀察人們嘗試使用的情況。什麼樣的產品擁有良好的系統意象？幾乎任何可以使操作顯而易見的設計都屬之。我所使用的文字處理機的尺規和邊界設定是一個很好的例子。在圖 3.5 中的座椅調整控制器是另外一個例子，注意控制器的調整自動參照操作的方式。扳起座椅下方的控制器，座椅就會升起。將垂直的控制器往前推，座

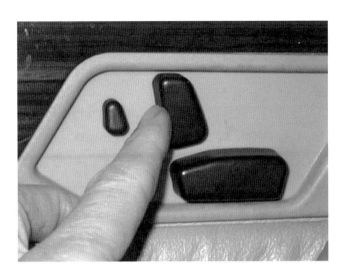

圖 3.5 座椅控制器──良好的系統意象。這些座椅控制器各自說明它的功用：概念模式由控制器的配置提供，控制器的配置看起來就跟操作產品的方式一樣。想調整你的座椅嗎？推或是拉、抬或是壓來調整控制器，座位對應的部分就會相應地移動。（賓士汽車座椅控制器，攝影：作者）

椅的靠背就會往前移。這是好的概念設計。

理解的一個重要組成要素來自於回饋：一個裝置必須持續給予回饋，如此使用者才會知道它正在運作，並且知道任何指令、按鍵或其他的要求已經被接收到了。回饋可以和煞車板一樣簡單，當你踩下時，車子會慢下來，或是當你按壓某樣東西的時候，出現短暫的閃燈或聲音。然而令人驚訝的是，還是有很多產品並沒有給予充分的回饋。現在多數的電腦系統如果動作很慢，都會顯示一個時鐘或沙漏，表示它還在反應。如果耽擱的時間很短，這個顯示就有用，但如果耽擱的時間很長，它就不太足夠了。為了要有效率，回饋必須改善概念模式，精確地指出什麼正在發生、還有什麼還沒完成

。當缺乏理解時會伴隨著負面的情緒，當人們覺得沮喪或失去控制的時候，一開始會擔心，然後被惹惱，如果持續缺乏控制和理解時，甚至會生氣。

易用性是一個複雜的議題。一項被需要、具有理解性的產品，或許仍不易使用。因此，吉他和小提琴雖然可以將工作做得很好（那就是創造音樂），也很容易理解，但是它們卻非常難使用。鋼琴也是一樣，看起來會讓人誤以為很簡單。樂器需要花很多年時間練習才能好好使用，儘管如此，對非專業人士來說，錯誤和蹩腳的表演還是十分普遍。樂器相對不易使用的特性被接受了，部分原因是因為我們知道沒有其他東西可以替代，特別因為結果是如此值得。

但在你每天生活中所用的東西，不應該要花很多年來練習。每個星期都會出現新產品，但是誰有時間或精力花時間去學習每一樣東西？錯誤的發生常導因於不良的設計，而且還時常被不公平地歸罪於使用者，而非設計師。錯誤常會導致意外，不僅是浪費金錢，還會造成傷亡。我們瞭解如何去製造有用的、可理解的和容易使用的東西，對於這樣的缺失，是不該有藉口的。除此之外，日用品是被各式各樣的人所使用：矮的和高的，健壯的或不健壯的，說或讀不同語言的人，可能是失聰或失明的人，缺乏肢體行動力或敏捷度的人——甚至是沒有手的人。年輕人比老年人有更多不同的技能。

產品用途是產品重要的檢測：在此是超然的，不受廣告或商品材質的輔助，只和這項產品效能有多好、人們在使用過程中感覺有

多舒適有關。一個受挫的使用者並不是一個開心的使用者,所以在行為設計的階段,應用使用者中心設計法則可以求得好的結果。

　　通用設計(universal design),就是為每一個人做設計,這是一項挑戰,但是這項努力非常值得。的確,通用設計的哲學令人信服地主張為殘障人士、視覺或聽力有困難的,以及較一般人行動不便的人所做的設計,會更適合每個人。我們沒有藉口不去設計人人都能使用的產品。

　　「來,試試這個。」我在拜訪 IDEO 這家工業設計公司時,他們向我展示了一個他們的「科技箱」(Tech Box),那是一個由數不完的小抽屜和箱子組成的大櫃子,混裝著玩具、布料、旋鈕、靈巧的機械裝置,還有一些我無法歸類的東西。我凝視著箱子,嘗試著去理解裡面到底是什麼東西,有什麼功用。有人塞了一個東西在我手中時跟我說:「把旋鈕轉開吧!」我找到了旋鈕,並轉開它。感覺不錯:平滑、柔軟。我又試了另一個不同的旋鈕:感覺不像之前的那一個。在那邊有很多無效的旋鈕,我轉了之後並沒有任何的變化。為什麼它們不一樣呢?他們告訴我,機械裝置是一樣的,不同之處在於加了一種很特別、黏性很強的油。「感覺很重要。」一位設計師解釋著。從「科技箱」還可以發現更多的樣品:絲質的布料,纖維細緻的織品,具有黏性的橡膠,可以擠壓的球——比單一經驗中我可以消化理解的還要多。

優秀的設計師非常在乎他們產品的實質感覺。當你在欣賞他們的作品時，實際的觸感和感覺可能會有很大的差異。試想一下平滑光亮的金屬或柔軟的皮製品所帶來的愉悅感受，或一個實心的機械旋鈕精確地從一個位置移到另一個位置，沒有空轉或是死角，沒有搖晃或抖動。難怪 IDEO 的設計師喜歡他們的「科技箱」，喜歡他們蒐集的玩具和布料、機械裝置和控制器。很多專業的設計師著重在視覺的外觀上，一部分是因為他們可以從遠處欣賞，當然，這些都可以從廣告、產品宣傳照或印刷的圖片中體驗。然而觸摸和感覺對我們在行為上評價產品時很重要。請回想一下在圖 3.3 中的淋浴設備。

實質的物品具有重量、材質和外觀，用設計的術語說就是「可觸知」（tangibility）。太多的高科技產品從真正實體的操控裝置和產品，變成了安裝在電腦螢幕上，藉由螢幕觸控或滑鼠控制。所有操作實體產品的樂趣——也就是它所帶來的控制感——都不見了。然而實體的感覺是很重要的，畢竟我們是有生命的動物，有身體、手臂和腳。腦中的一大部分都由感官系統佔去，不斷地探索著環境並與其互動。產品最佳的狀況就是可以充分利用這種互動。想像在烹飪時，感受一把平穩、品質良好的菜刀帶來的舒適感，聽聽它切在砧板上的聲音，或當你把食物放到平底鍋時的嘶嘶聲，以及聞到剛剛切好入鍋的食物所散發的香味。或假想一下園藝工作，感受植物的柔軟和泥土的砂礫；或在打網球時，聽到網球撞擊球拍的聲音

，和網球握在手中的感覺。這些包含了觸覺、震動、感覺、嗅覺、聲音、視覺。然後你想像在電腦上做這些事情，在這裡看到的或許很像是真的，但是沒有感覺，沒有氣味，沒有震動，也沒有聲音。

軟體世界之所以被稱讚，是因為它的功能強大，而且具有變色龍般的能力，可以轉化為任何需要的功能。電腦提供了抽象的動作。電腦科學家稱這環境為「虛擬世界」，雖然它們有很多好處，但它們消除了真實互動時最大的樂趣之一：來自觸摸、感覺、移動實體物件的樂趣。

軟體的虛擬世界是認知的世界：它所呈現的想法和概念並無實體的物質。實質的東西牽涉到情感的世界，也就是你可以經歷到事物的這個世界，不論是那些表面感覺很舒服的，或其他那些刺激、不舒服的東西。雖然電腦和軟體已經變成日常生活中不可或缺的，但太過倚賴電腦螢幕上那些抽象的東西，會剝奪了情感上的愉悅感受。不過還好，有些設計師正在很多以電腦為基礎的產品之中，恢復真實可觸碰的世界裡自然情感的愉悅。實體的控制器又回到了以往的形式：可轉動的旋鈕、音量的旋鈕、可旋轉或開關的控制桿。好哇！

構思不良的行為設計會導致極大的挫折，並且導致這些產品變得自行其是：無法聽從指令、對正在進行的活動無法提供足夠的回饋，並且變得難以理解，總而言之，會讓任何試圖使用這些產品的人陷入一種強烈的、灰暗的恐懼之中。難怪這類挫折常會讓使用者

抓狂到踢打、尖叫、咒罵，更糟的是，人們沒有理由要接受這樣的挫折。錯不在於使用者，而是在於設計。

為什麼有那麼多的設計失敗？主要是因為設計師和工程師常會以自我為中心。工程師傾向於把重點放在技術面，把任何他們自己偏好的特點都放到產品之中。許多設計師同樣也失敗了，因為他們喜歡使用複雜的形象、隱喻和語意，這些雖然可以讓產品在設計競賽中得名，但是如此製造出來的產品，卻讓使用者難以使用。一些網站也在這方面失敗了，因為網站的製作者著重於複雜的影像和聲音的技術面，或只是將設計重點放在確保公司的每個部門都瞭解他們的政治權力是如何分配的。

在這些案例中，沒有任何一個考慮到可憐的使用者——就像你我這樣使用產品或網站來滿足某些需求的人。當你要執行一項任務或是搜尋一些資訊時，你在一個公司網站上瀏覽，但你沒必要知道公司的組織表，你也不想知道。你可能會喜歡那些簡短的 Flash 影片和聲音，但是那些靈巧複雜的設計妨礙你的工作時，你就不會喜歡它們。

良好的行為設計應該是以人為中心的，把重點放在理解和滿足真正使用產品的人的需求上。正如我曾說過的，發現這些需求的最好方法是透過觀察，看看人們如何自然地使用產品，而不是讓人們回答一些制式的問題：「告訴我們你是如何使用。」但是這樣的觀察卻少得令人驚訝。你可能會認為製造商會想要觀察使用他們產品

的人，以利將來進一步改善。但事實並非如此，他們都忙著設計和符合設計競賽的要求，而不去找出產品是否真的有效且好用。

工程師和設計師解釋，他們自己就是人，所以他們瞭解人。但是這樣的論點是有問題的。工程師和設計師知道得太多、但也同時知道得太少。他們對於技術知道得太多，但對於其他人如何生活及從事的活動知道得太少。此外，任何一個涉及產品設計的人都對於技術細節、設計困難度和設計要點非常熟悉，以至於他們反而不能像一個毫不相干的人那樣觀察產品。

要對行為進行瞭解時，焦點團體法、問卷和調查都是拙劣的工具，他們和實際的使用沒有關係。多數的行為都出自於潛意識，人們真正做的和他們想做的有很大的差異。身為人的我們喜歡自認為知道為什麼我們會那樣做，但我們其實並不知道，我們只是很喜歡解釋自己的行為。本能的和行為的反應都是潛意識的，這個事實使我們不知道自己真正的反應及其原因。這是為什麼那些受過訓練去觀察真實情境下使用狀況的專業人士，比人們自身更容易看出他們喜歡或不喜歡的東西及其原因。

但是一個有趣的例外是當設計師和工程師為他們自己製造將來在日常生活中可能會時常用到的物品時。這些產品通常都很傑出。結果，以行為的觀點來看，今日最好的產品往往是來自健身、運動和手工藝產業，因為這些產品確實是由那些覺得行為至關重要的人們所設計、購買和使用的。去一家好的五金行，檢驗看看那些園丁

、木工和機械工所使用的工具。這些經過好幾個世紀的使用改良而發展出來的工具，是在審慎設計下令人感覺愉快、平衡感佳，同時提供精確的回饋並操作良好。到一家好的運動用品店，看看那些登山用具，或那些真正去健行和露營的人所用的帳棚和背包。或是到那些供應專業主廚食材的店，瞧瞧真正的廚師買些什麼和在他們的廚房裡用些什麼。

我發現比較那些賣給一般消費者和專業人士的電子設備很有趣。專業的設備雖然貴很多，但通常比較簡單和容易使用。給一般家庭使用的錄影機有很多的閃燈，很多的按鈕和設定，還有複雜的選單去設定時間和預錄操作。但專業的錄影機只有一些必要的配置，所以比較容易使用，功能也較好。會有這樣的差異，部分是由於設計師自己就會使用到這個產品，所以他們知道什麼是重要的和不重要的。工匠為他們自己製作的工具也有這項特點。健行或登山設備的設計師有一天可能會發現他們的生命倚賴在他們自己的設計作品的品質和行為上。

惠普公司剛成立時，主要的產品就是電子工程師使用的測試設備。「為坐在下一張工作檯前的人做設計」是該公司的座右銘，而這座右銘很適合他們。工程師發現使用惠普的產品時很愉快，因為這些工具非常適合電子工程師在設計和測試時的工作檯。但是時至今日，相同的設計理念卻不再適用了：設備經常是由技師和只有一點甚至完全沒有技術背景的工作人員使用。「下一張工作檯」的理

念在設計師是使用者時行得通,但換成其他人後卻行不通。

好的行為設計必須從一開始就是設計過程中的一個基本部分;不能在產品完成後才進行。行為設計從瞭解使用者的需求開始,理想上是在一般家中、學校、工作地點或任何產品被使用的地方,透過相關行為研究而得出。接著設計團隊快速製造出產品原型讓未來的使用者進行測試,這個原型只用幾個小時(而不是好幾天)製作出來供測試使用。即使用簡單的草圖或紙板、木頭或發泡塑料做出來的草模,在這個階段都可以運作良好。隨著設計過程繼續下去,就會將測試得出的訊息整合進來。很快地,產品原型更加完整了,有時候功能很完整或只有一部分可以運作,有時候則只是簡單模擬的操作裝置。當產品完成時,它會通過徹底的使用檢驗:最後的檢驗是必要的,為了找出執行上的小錯誤。這個反覆的設計流程是有效的、以使用者為中心設計的核心。

反思的設計

反思的設計包含了很多的領域。它所注重的是訊息、文化,及產品或產品效用的意義。對某個人來說,反思的設計與物件的意義,或說與某個物件引起的個人回憶有關。對另一個人來說,卻是非常不一樣的事情,是與自我形象和產品傳遞給其他人的訊息有關。

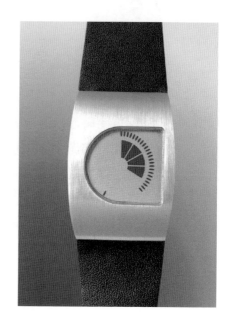

圖 3.6 聰明的反思層次設計
這支錶的價值來自對時間的精巧顯示：
快來看，它顯示的是幾點？這是 Time
by Design 的手錶「Pie」，顯示的時間
是 4 點 22 分 37 秒。這個公司的目標
是發明新的顯示時間方式，「把藝術與
時間的顯示富有趣味地結合到時鐘或
手錶的設計上。」這支錶既是佩戴者的
個性標誌，又是一個實用的計時器。
（圖片提供：Time by Design）

不論什麼時候當你注意到某個人的襪子顏色是否與他或她的服裝搭配，或是他或她所穿的衣服是否適合當下的場合時，你所關注的正是反思的自我形象。

不論我們願不願意承認，我們所有人都會在乎自己展現在別人面前的形象——或者其實是我們展現在自己面前的自我形象。你有時候會避免購買某項東西，「因為它不合適」，或是為了迎合某個你喜歡的理由而購買某物嗎？這些都是反思的決定。事實上，即使那些聲稱他們對別人如何看待自己完全不感興趣的人——穿著最簡單或最舒服的衣服，避免購買新東西，直到他們正在使用的東西完全不能用時——這種想法本身其實也是他們對於自己和他們所在乎的事物的一種表態。這些都是反思過程的產物。

請看一下這兩支手錶。第一支由 Time by Design 所製造（如

圖 3.7 純粹行為層次的設計

卡西歐的 G-Shock 手錶是純粹行為層次的設計，十分經濟好用但並不好看。以反思設計的設計標準去衡量，它的評價和地位都不高。但是，請考慮一下它的行為層面：雙時區、馬錶、倒數計時器和鬧鐘。不貴、容易使用，而且準確。（作者收藏）

圖 3.6 所示），它展示了運用獨特方式顯示時間的這種反思快樂，它必須經由解釋才能被理解。這支手錶也具有本能層次的吸引力。但是它主要的魅力還是在於獨特的顯示方式。它比傳統的手錶或數字錶更難讀出時間嗎？是的，但是它具有很優秀的基本概念模式，滿足了我的一個行為設計良好的標準：它只需要解釋一次，從那時起，它就是顯而易見的了。因為它只有一個控制鈕，設定手錶豈不是很不方便？是的，的確是不方便，但是炫耀這支手錶和解釋它的操作時，反思的快樂超越了這些困難。我自己就有一支，就像我那些無聊的朋友想要證實的一樣，我自豪地向那些對它表現出一點點興趣的人解釋它。反思上的價值超越了行為上的困難。

　　與反思設計形成對比的是卡西歐（Casio）實用且合理的塑膠數字錶（見圖 3.7）。這是一支實用的手錶，重視設計的行為層次

，沒有任何本能設計和反思設計的特性。這是一支工程師的手錶：實用、簡單明瞭、功能多而且價格低廉。它不是特別漂亮——那不是它的賣點。而且這支手錶沒有什麼特別的反思層次魅力，除非當一個人買得起比這個貴得多的手錶，卻透過相反的邏輯為了擁有這樣一支實用的手錶而感到驕傲。（上述這兩支手錶我都有，在正式場合我會戴 Time by Design 那支，在非正式場合戴另外一支。）

幾年前我拜訪過瑞士的比爾（Biel）這個工業城市。當時我身為美國一家高科技公司小型產品團隊的一員，到那裡與 Swatch 公司的人會談，Swatch 手錶公司已經改變了瑞士的製錶產業。他們驕傲地告訴我們，Swatch 並不是一家手錶公司，而是一家情感公司。當然，由他們製作的手錶和全世界多數的手錶一樣都使用相同的零件（不論在錶殼上顯示的是什麼牌子），不過，他們真正做到的是把手錶的目的，由計時轉變為抒情。當他們的董事長捲起袖子顯示他手臂上的許多手錶時，他大膽地宣稱他們的專門技術是人的情感。

Swatch 因為把手錶轉化為時尚宣言而出名，認為人們應該像擁有許多領帶或鞋子、甚至襯衫一樣，擁有多支手錶。他們宣稱，你應該變化手錶來搭配心情、活動，或是甚至每天的不同時刻。Swatch 的執行團隊耐心地試著向我們解釋：是的，手錶的機械裝置必須不太貴，但仍然品質良好、值得信賴（參觀他們完全自動化的製造設備給我們留下了非常深刻的印象），但是，真正的機會在

於開發錶面和錶身的部分。他們的網站這樣寫道：

> Swatch 就是設計。Swatch 手錶的外型總是相同的。它為有
> 創造力的設計提供小小的空間，對藝術家造成了不可抗拒的
> 吸引力。為什麼？因為手錶的錶面和錶帶可以表現最狂野的
> 想像概念、非比尋常的想法、鮮明的色彩、振奮人心的訊息
> 、藝術和喜劇、今天和明天的夢想，以及更多更多的東西。
> 而這正好是使 Swatch 每個款式如此迷人的原因：設計融合
> 了訊息，筆法見證了個性。

　　在我參觀時，縱使印象深刻，但也感到迷惑。我們是科技專家
，高科技中有一部分實在應該被視為情感的載具而非功能的載具，
對我們工程師而言有點難以揣度。我們的團隊從沒能這麼團結地以
這種有創意的方式工作，因此這類冒險沒有帶來什麼——除了留給
了我持久的印象之外。我意識到產品可以不只是它們所執行功能的
總和，它們真正的價值可以是滿足人們的情感需求，而其中最重要
的需求是建立自我形象和社會地位。設計師考特斯（Del Coates）在
他有關工業設計角色的書《手錶不只是報時》（*Watches Tell More
than Time*）中解釋說：「事實上，設計出**只會**顯示時間的手錶是不
可能的。在什麼都不知道的情況下，光是從一支手錶（或任何產品
）的設計，就可以想像佩戴它的人的年齡、性別和外表。」

　　你曾考慮過購買一支昂貴的手工錶嗎？或是昂貴的珠寶？一瓶蘇格蘭單一純麥威士忌或知名的伏特加？你真的能夠區分這些品牌嗎？在閉眼品嘗多種威士忌時，品嘗的人若不能說出哪個玻璃杯裝的是哪種酒，就表示你可能不能分辨它們的差別。為什麼昂貴的原畫作會比高品質的複製品來得好？你會喜歡擁有哪一個？如果這幅畫是為了美觀，那麼良好的複製品應該就足夠了。但是很明顯地，繪畫不只是和美有關：它們與擁有——或觀賞——原作所帶來的反思價值有關。

　　這些問題都和文化有關。這些問題的答案非關實用，也非關生物性，而是與習俗有關，是你在社會上學到的。對你們其中的一些人來說，答案是顯而易見的；而對於另一些人來說，這些問題甚至是沒有意義的。這就是反思設計的本質——一切都在觀者的心中。

　　吸引力是一種本能層次的現象——完全是對物體外表的反應。美則來自於反思，超越了外表，它是來自於有意識的反思和體驗，同時受到知識、學習和文化的影響，外表不吸引人的物品也可以帶給人愉悅，例如，不和諧的音樂可以是美的，醜陋的藝術品也可以是美的。

　　廣告既可以在本能層次也可以在反思層次上起作用。漂亮的產品——迷人的汽車、看起來功能強大的卡車、誘人的飲料或香水瓶——都是在本能層次上起作用。聲望、稀有性和獨特性是在反思層次上起作用。提高蘇格蘭威士忌的價格可以增加銷量。使餐廳訂位

或俱樂部入會變得比較困難，也會增加人們對它們的渴望。這些都是反思層次上的策略。

反思層次的活動常常決定了一個人對一項產品的整體印象。在該層次上，你回想這個產品，想到它的所有魅力以及使用它的經驗，在其中許多的因素一起作用，同時某一面的缺陷可能被另一面的魅力所掩蓋。而在整體評估的時候，小錯誤可能完全被忽視（或是被擴大），而完全打破了原來的比重。

對於產品的整體印象來自於反思——追溯既往的回憶並重新評估。你會天真地在朋友和同事面前炫耀你的東西嗎？或是把它藏起來？同時如果你對人嘮叨不休，你會只是抱怨嗎？一個令擁有者自豪的東西會被放在顯眼的地方展示出來，或至少會拿給人們看。

客戶關係在反思層次上扮演了重要的角色，它是如此的重要，以至於維持良好的客戶關係甚至可以完全改變本來對這項產品的負面經驗。因此，一家公司如果想盡辦法幫忙協助不滿意的顧客，最後常會把這些顧客變成最忠實的支持者。事實上，購買一項產品且對使用產品只有愉快經驗的人，他的滿意度可能低於有不愉快經驗但在解決問題時受到該公司妥善對待的人。這種贏得顧客忠誠的方式很花錢，不過它展現了反思層次的力量。反思的設計事實上與顧客的長期經驗有關，是關於服務，以及關於提供個人接觸和溫暖的互動。當顧客思及這一項產品以決定下一次要購買哪一個或提供朋友建議時，一段快樂的記憶會打敗任何先前的負面經驗。

在遊樂園坐纜車是反思和反應之間相互影響的好例子。坐纜車既吸引那些追求高度刺激和恐懼感覺的人，也吸引那些坐纜車完全是出於之後反思力量的人。出於本能層次的重點完全就在於使乘坐的人膽戰心驚，在過程中驚嚇他們。但是，這必須在一種可靠的方式下進行。此時當本能系統正全力運作時，反思系統則起了冷靜分析的作用。它告訴身體的其他部分，這是一次安全的搭乘，它只是看起來危險，其實是沒問題的。在乘坐過程中，本能系統應該會勝出；不過，在回顧往事而記憶已經變得模糊時，反思系統則會勝出。這時，擁有過乘坐的經驗變成了一種榮耀。它提供可以告訴其他人的故事。在這裡，懂得發揮影響力的遊樂園還會經由販售乘坐者在達到體驗頂峰時所拍的相片，來強化這種互動。遊樂園販賣相片和紀念品，讓乘坐者可以向他們的朋友炫耀。

如果遊樂園老舊破爛不堪，設備殘缺不全，生鏽的痕跡斑駁，一片毫無生氣的樣子，你還會乘坐嗎？顯然不會。在理智上幾乎是不可能放心的。一旦反思系統無法作用，吸引力也就不復存在了。

個案研究：職業美式足球聯盟用耳機

「你知道這項產品設計最難的部分是什麼嗎？」HLB 設計公司的赫伯斯特（Walter Herbst）自豪地把摩托羅拉（Motorola）公司

的耳機（如圖 3.8 所示）拿給我看同時問道。

「可靠性？」我猶豫地回答了，覺得它看起來又大又堅固，它一定是可靠的。

「不是，」他回答：「是教練——使教練戴著它時感覺舒服。」

摩托羅拉公司曾委託 HLB 設計職業美式足球聯盟教練用的耳機。請你注意，這些可不是一般的耳機。它們必須是高性能的，在教練和散開在運動場上的隊員間傳遞清晰的訊息。麥克風的支臂必須是活動的，可以戴在頭的任何一側，使得慣用右手的教練和慣用左手的教練都可以使用。環境是一個困難點，它很吵雜。美式足球比賽在極端的溫度下進行，從酷熱到雨天，一直到極端的寒冷。同時耳機會不時遭受到踩躪：憤怒的教練拿起手邊的任何東西來發洩他們的挫折感，有時候會抓起麥克風的支臂把耳機扔到地上。另外，耳機的訊息必須是保密的，對方的球隊不能偷聽到。耳機也是一個重要的廣告標誌，它把摩托羅拉的名字呈現給電視觀眾，所以，不論攝影機在哪一個角度，商標必須是清楚可見的。最後，還必須讓教練滿意，他們必須願意使用它。因此，耳機不僅必須經得起嚴峻的比賽，還要保證一次戴上幾個小時還很舒適。

耳機的設計是一項挑戰。小巧輕便的耳機雖然比較舒服，卻可能不夠堅固，更重要的是，教練可能拒絕使用。教練是這個規模大且激烈活躍的團隊的領導者，美式足球運動員是團隊運動中最高大、最強壯的運動員之一。因之耳機必須要能加強這一形象：它自己

圖 3.8 摩托羅拉職業美式足球聯盟教練的耳機。這一款耳機是由 HLB 設計公司設計的，曾贏得《商業週刊》優良設計獎和美國工業設計協會（IDSA）的兩項金獎。美國工業設計協會如此描述得獎緣由：「一個設計團隊很少有機會意識到他們擁有創造出一種形象的機會，而這一形象會得到全世界數百萬人的注目。摩托羅拉公司的NFL 耳機代表了高度發展的通訊技術和偉大設計與運動場上的熱血、汗水和淚水的相互結合。此外，它強化了公司的認知，更致力於達到每個競技場上專業使用者的嚴格要求。」（圖片提供：HLB 和摩托羅拉公司。）

就必須是強壯的，以表達教練掌控全局的形象。

　　因此，沒錯，設計必須具有本能的吸引力；沒錯，它必須滿足行為上的目的。不過最大的挑戰是，在做到這一切的同時還要讓教練滿意，彰顯出受過嚴格訓練的強大領導者英勇果斷的自我形象，他們管理著世界上最強悍的運動員而且常常胸有成竹。簡而言之，這是反思層次的設計。

　　要完成這一切必須做好許多工作。這不是在餐巾紙上潦草畫出來的設計（儘管許多嘗試性的設計實際上是在餐巾紙上完成的）。精巧的電腦輔助繪圖工具讓設計師在任何東西製作出來之前就將各個角度所看到的耳機樣貌視覺化，使得耳機和麥克風的互動、頭帶的調整，甚至商標的位置（對電視觀眾而言，它們的能見度要增加到最大，同時對教練則要把它們的能見度縮到最小，以避免分心）理想化。

　　「設計教練耳機的主要目的，」HLB 的專案經理雷米（Steve Remy）說，「是為這個常被忽略成背景的產品，創造出一個很酷的新面貌，並且把它變成塑造形象的產品，讓即使是在高度活力且大量活動的職業美式足球賽中，也能吸引觀眾的注意。」它成功了。其結果是一個「很酷」的產品，它不僅具有功能性，而且成為摩托羅拉有效的廣告工具，還提昇了教練的自我形象。這是三個不同層次的設計可以一起良好運作的最佳例子。

設計的迷失

對初次涖臨的人來說，走進位於聯合廣場西區的 Diesel 牛仔褲店面，會以為步入了瑞舞（Rave）的舞會中。電音重擊著敲震人心，電視螢幕播放著令人難以理解的日本拳擊比賽錄影帶。沒有特別的標示指出男裝區或女裝區，同時也看不出誰是店員。

而像 Banana Republic 和 Gap 這樣的大型服飾業者，它們的店面通常採用標準化又簡單的裝潢，盡力使顧客感到舒適；而 Diesel 卻是建立在非傳統的前提上，認為最好的顧客就是分不清方向或目標的顧客。

「我們很清楚知道我們的環境在表面上令人有壓迫感這個事實，」零售業務主管馬赫（Niall Maher）接著表示：「我們沒有把我們的店面設計成友善的使用環境，因為我們希望你能與我們的人員產生互動。不開口與人交談你就不會理解 Diesel。」

的確，當一名顧客在 Diesel 店裡到了某種程度上的購物暈眩時，正好就是打扮新潮的店員展開他們行動的時候。身穿閃閃發亮衣著的銷售員，他們解救了——或說折磨，依個人的觀點而定——倔強不開口的購物者。

——華倫‧聖約翰（Warren St. John），《紐約時報》

對於實踐人性化設計的那些人來說，服務顧客就代表要使他們從挫折、迷惑和無助感中得到解脫，讓他們感到一切都在控制之中而且得到自主權。對於聰明的銷售員來說，剛好反過來才是正確的。如果人們真的不知道他們想要什麼，那麼滿足他們需要的最佳方式是什麼呢？在人性化設計的例子中，就是提供顧客讓他們自行探索的工具，試試這個，再試試那個，使他們能夠靠自己取得成果。對於銷售人員來說，這是展現自己「身穿閃閃發亮衣著」的救援者身分的機會，準備給予協助，為顧客提供答案，同時引導顧客讓他們相信這其實是他們一直在尋找的答案。

在時尚界裡——包括從服裝到餐廳、汽車到家具的每件東西——誰能說哪一種選擇才是正確的，哪一種選擇是不正確的呢？藉由造成混亂來解決問題純粹是利用人們情感的一場遊戲，它告訴顧客他們推薦的產品正好是你想要的，而且更重要的是它向全世界的人宣佈你是一個多麼出眾、有品味和時尚的人。如果你相信了，交易可能就會成功，因為強烈的情感依附提供了自驗式預言。

因此，什麼選擇是正確的：是 Gap 和 Banana Republic「標準化又簡單的店面裝潢，盡力使顧客安心」；還是 Diesel 故意迷惑脅迫，使顧客更能準備迎接提供幫助、使人安心的銷售員？我知道我的選擇，我任何時候都能接受 Gap 和 Banana Republic，但 Diesel 的大獲成功也表示不是每個人都同意我的觀點。最後，這些店面服務了不同的需求。前兩家店是比較實用性的（儘管這樣稱呼會使他

們厭惡）；另一家店則是純粹的時尚，它全部的目標就是關注別人
在想些什麼。

「當你穿著一千美元的西裝時，」超級業務員史匹凡斯（Mort
Spivas）告訴媒體評論人洛西科夫（Douglass Rushkoff）：「你會流
露出不同的氣質。於是人們以不同的方式對待你，讓你展現出自信
心。如果你可以感到自信，你的**行動**就會有自信。」如果業務員認
為穿上昂貴的西裝會使他們與眾不同，那麼這就會讓他們真的與眾
不同。以時尚來說，情感是關鍵。操弄情感的店面其實就只是在玩
著顧客自行邀請自己進入的那種遊戲。現今的時裝界或許已經不當
地對飢渴的大眾進行洗腦，使他們相信這場遊戲是有價值的，雖然
如此，但這就是它的信念。

用擾亂購物者當作銷售的手段，根本不是什麼新聞。超市很久
以前就懂得把最常購買的產品擺在商店的後面，迫使顧客要經過其
他產品的走道才能到達，以激起購買其他產品的欲望。而且，相關
的產品也可以放在它們附近。人們會衝進商店購買牛奶嗎？把牛奶
放在商店的後面，然後把餅乾放在附近。人們會衝進來購買啤酒嗎
？那麼就把啤酒擺放在零食旁邊。和這類似的是在收銀台擺放人們
可能在排隊等候結帳時，會受到引誘而去購買的小東西。創造這些
「購物點」的陳列已經變成了一件重要的事情。我甚至可以想像，
商店故意放慢結帳過程，使顧客有更多的時間去進行那些最後一時
衝動的購買。

　　一旦顧客摸清楚商店或貨架的陳列方式，就是該重新配置貨架的時候了，如此這一套銷售哲學才能持續下去。否則，消費者想要濃湯罐頭就會直接走向濃湯罐頭的貨架，而不會去注意任何其他迷人的產品。重新安排商店的陳列會迫使消費者去探究以前從未經過的走道。同樣地，重新安排濃湯罐頭的擺放可以防止顧客每次都購買同一種濃湯，而從不嘗試任何其他品牌。因此，貨架要重新整理，相關的物品要擺放在附近。店面要重新佈置，最受歡迎的產品要放在店內最遠處，而最容易衝動購買的產品要放在受歡迎產品的附近或是「端架」（end cap），也就是走道盡頭最容易被看見的地方。這裡用的是一套違反易用性的原則：讓人很難買到最想購買的產品，但非常容易買到會衝動購買的產品。

　　當運用這些詭計時，如何不讓購物者發現是非常重要的。要讓商店的佈置看起來很正常。當然，還要讓分不清楚方向的部分很有趣。Diesel 沒有因為混亂而受到指責，因為他們正是以此聞名，因為他們的服飾很受歡迎，同時也因為在他們店裡徘徊也是體驗的一部分。但這套哲學在五金行是沒有用的。在超市裡，牛奶或啤酒擺在商店最後面這件事不會看起來很刻意，它看起來很自然。畢竟冷藏櫃就在後面，而這正是擺放這些產品的地方。當然，沒有人問過真正的問題：為什麼冷藏櫃要放在那裡？

　　一旦顧客意識到他們以這種方式被操弄了，就可能會產生激烈的反應，顧客會因此捨棄這家操弄人的商店，而改去造訪讓他們感

到更自在的店。試圖透過混亂來盈利的商店經常能享受到銷售額和名聲的疾速上升，但也可能同樣會遭遇到疾速下降。呆板傳統且提供幫助的店家會比較穩定，在名聲上也不會有太大的起落。沒錯，購物可以是一種感性的情感體驗，不過它也可能是一種負面的受創經歷。但是當店家行事正確時，當他們懂得「購物的科學」（The Science of Shopping），並使用這個安德席爾（Paco Underhill）著作的副標題時，那麼購物既可以是顧客正面的情感體驗，也可以是賣方有利可圖的交易。

就像遊樂園令人恐懼的纜車，使本能層次的焦慮害怕與反思層次的鎮靜安心彼此互相競爭一樣；Diesel 最初在行為層次和反思層次上的混亂和焦慮，與前來解救的銷售人員的援助和歡迎相對比。在這兩種情況下，最初的負面情感對於建立最後的解救和快樂是必要的。在遊樂園例子裡，搭乘已經安全結束了，乘坐者可以反思所有成功征服了歷險的正面經驗。在 Diesel 店面裡，得到解脫的顧客反思由銷售人員給予的冷靜指引和幫助，很容易就會與銷售員建立起聯結，與「斯德哥爾摩症候群」（Stockholm syndrome）沒什麼兩樣，被綁架的受害者會與綁架者建立起一種正面的情感聯結，在他們重新獲得自由而綁架者被捕後，他們請求寬恕那些綁架者。（這個名稱來自 1970 年代早期瑞典斯德哥爾摩的一起銀行搶案，一名人質與她的綁架者譜出了浪漫的戀曲。）但是這兩種情況具有本質上的差別：在遊樂園裡，害怕和興奮是賣點，是公開的且廣為

宣傳的；在 Diesel 店裡，則是人為操縱的。一個是自然的，另一個不是。猜猜哪一個會維持更長的時間？

由團體成員共同設計 VS. 由個人設計

　　儘管反思性的思考是偉大的文學作品和藝術品、電影和音樂、網站和產品吸引知識分子的精髓，卻不是成功的保證。在藝術和音樂中許多受到高度讚賞的嚴肅作品，對於一般人來說都相當晦澀難懂。我懷疑可能甚至對那些稱讚這些作品的人來說，它們也難以理解，因為在文學、藝術和專業評論這樣高貴的圈子裡，似乎當某個東西可以被清楚理解時，就會被視為是有缺陷的，而當它令人難以理解時，肯定就是好的。有一些作品傳遞了這樣微妙、隱現的知識分子的氣味，它們可能不為一般觀眾和使用者所熟知，只除了創作者和大學校園裡從教授那聽到學術性批判的順從學生之外，其他每個人都不知道。

　　試想一下朗格（Fritz Lang）的經典電影《大都會》（Metropolis）的命運，「一部關於子女反抗、浪漫愛情、異化勞動和去人性化科技的野心勃勃的耗費巨資的科幻小說。」1926 年這部電影在柏林首映，但是美國的發行商派拉蒙影業（Paramount Films）卻抱怨這部電影無法理解。他們雇用劇作家波洛克（Channing Pollock）

改編這部電影。波洛克抱怨說：「象徵主義這麼浮濫，以至於看電影的人說不出這部片是在演什麼。」無論同意或不同意波洛克的評論，毫無疑問的是，太多的智性主義確實會妨礙愉悅和樂趣。（當然，這常會伴隨以下這點：嚴肅的論文、電影、藝術作品的目的在於教育和報導，而並非娛樂消遣。）

在普通觀眾的偏好與知識分子和藝術界的需求之間存在著基本的衝突。當談到電影時，這個情形最容易出現，不過，也適用於所有的設計，以及嚴肅的音樂、藝術、文學、戲劇和電視。

電影製作是個複雜的過程，有成千上百的人參與其中，包括製片、導演、編劇、攝影、剪輯和電影製作的經理人，他們所有的人都對最終的作品有合法的發言權。藝術的整合——一種凝聚主題的方法——和有深度的內容很少出自團體。最好的設計來自對一個凝聚主題的貫徹始終，還有明確的願景和焦點。通常這樣的設計是由個人的願景所驅動的。

你可能會認為我在反駁我自己提出的一個標準設計法則：測試並且重新設計、測試並且重新設計。我很早就開始支持人性化的設計，亦即要以該產品的潛在使用者為對象進行測試並且不斷的重新修正。這是生產易用性產品的一種禁得起時間考驗的有效方法，最終結果將會符合最大多數人的需要。那為何我現在要主張單一設計師——他對於最終產品有著清楚的雛型，同時確保開發過程的可行性——能夠優於設計—測試—再設計這樣謹慎的設計循環呢？

　　這差別在於我以前所有的工作都集中在行為層次的設計上。我仍然主張反覆修正的、人性化導向的方法對於行為層次的設計發揮了良好的作用，但是這不一定適用於本能或反思的設計。當談到後二者時，反覆修正的方法是透過妥協、透過團隊、透過共識設計出來的。這保證了結果是安全有效的，不過也總是無趣的。

　　以下是電影會產生的狀況：電影製作的經理人常常以試映會的結果來決定電影，就是讓接受測試的觀眾來看這部電影，並以他們的反應做為標準。結果有幾場戲被刪掉了，故事情節被改變了，結局應觀眾要求改變也是家常便飯。所有這一切都是為了提高電影的口碑和票房收入。問題是導演、攝影和編劇，往往會感到這些變化毀了電影的靈魂。該相信誰呢？我懷疑測試結果和製作團隊的意見都是有根據的。

　　電影是由許多標準來評價的。一方面，即使一部「便宜的」電影也可能花費數百萬美元製作，而高成本電影更要花費數億美元。一部電影既是一項重大的商業投資，也是一種藝術的表達方式。

　　商業與藝術或與文學之間的爭論是現實的且適切的。最後的決定就變成：想要成為一名表達想法的藝術家，同時不考慮利潤；還是想要成為一名商人，試圖改變電影或產品好讓它盡可能吸引許多人，即使必須犧牲藝術價值做為代價。想要一部大眾化、吸引群眾的電影嗎？把電影播放給觀眾測試，然後修改。想要一部藝術的傑作嗎？那麼就雇用你信賴的超強創意團隊。

麻省理工學院媒體實驗室的一位研究科學家李伯曼（Henry
Lieberman）針對「團隊設計」提出了非常有說服力的反對立場，
因此，就讓我在此簡略地引述一下他的話：

> 優秀的概念藝術家科瑪（Vitaly Komar）和美拉米德（Alex
> Melamid）進行了一項調查，詢問人們類似這樣的問題：你
> 最喜歡什麼顏色？在風景畫和人物畫中你會選擇哪一個？然
> 後他們拿出完美的「以使用者為中心的藝術品」的展覽品。
> 結果卻令人非常懊惱。這些作品完全缺乏技術或是技巧的創
> 新，甚至為那批接受問卷調查的人所厭惡。優秀的藝術品在
> 多向度的空間中不是一個最適點；當然，這是他們的觀點。
> 完美的「以使用者為中心的設計」也令人懊惱，就正好是因
> 為它缺乏藝術涵養。

有件事是可以肯定的，就是這樣的爭論註定無解：只要藝術、
音樂和表演的創作者與那些必須花錢把他們行銷到世界各地去的人
不是同一批人，這個爭論就會永無止境。如果你想要一個成功的產
品，那就測試並修改它。但是如果你想要一個偉大的產品，一個可
以改變世界的產品，那就讓它由擁有清晰洞察力的某個人去主導吧
！後者會有更大的財務風險，但這是成就偉大作品的唯一途徑。

4

樂趣與遊戲
Fun and Games

　　麻省理工學院媒體實驗室的石井裕（Hiroshi Ishii）教授忙進忙出，急著向我展現他所有收藏品。「挑一個瓶子。」他站在一個擺放著玻璃瓶子會發出五顏六色燈光的展示桌前面說。我照做了，得到的獎勵是一段有趣的音樂。我挑了第二個瓶子，音樂中又加入另一種樂器，並和一開始的樂器和諧地演奏著。拿起第三個瓶子，樂器變成三重奏了。放下一個瓶子，和它相關的樂器停止演奏。這激發了我的興趣，不過石井裕急著要我嘗試更多其他的東西。「來，看看這個。」石井裕從房間的另一頭喊著，「試試那個。」接下來是什麼？我不知道，但一定很有趣。我可以在那裡花上一整天的時間。

　　不過，石井裕有更多好東西要展示。請想像要在一群魚上打乒乓球，如圖 4.1 中所示。它們在那兒，在桌面上游動，它們的影像是由位於桌子上方天花板的投影機投射出來的。每次球打到桌面上，漣漪就會擴大，魚群也會散開。但是魚群無法離開桌面──這是一張小桌子，無論魚群游到哪裡，球不久後就會再次打散它們。這是個玩乒乓球的好方法嗎？當然不是，但這不是重點：重點在於樂趣、高興，是一次愉悅的體驗。

　　唉！樂趣與愉悅通常不在科學的範圍內。科學可能太嚴肅了，甚至在嘗試研究樂趣和愉悅的相關問題時，它過於嚴肅的態度反而變成一種干擾。沒錯，是有一些關於幽默和樂趣的科學基礎研討會（「樂趣學」〔funology〕是這一特殊研究工作的名稱），但這是一個

圖 4.1 乒乓球桌上的魚群。「乒乓球桌附加裝置」（Ping Pong Plus）。水和魚群的影像投射在乒乓球桌面上。每當球打在桌面上，電腦都會感知到它的位置，並從這一落點處產生漣漪，魚群也隨之散開。（圖片提供：麻省理工學院數位媒體實驗室石井裕提供。）

很困難的議題，發展也很緩慢。樂趣仍然是一種藝術形式，最好還是留給具有創意的作家、導演和其他藝術家。然而缺乏科學理解並不會影響我們享受愉悅。藝術家經常朝此方向前進，探索人與人之間互動的方法，然後科學也會努力去瞭解其中奧妙。長期以來這種情況在戲劇、文學、藝術和音樂領域裡一直都是如此，也正是這些為設計領域提供了訓示。樂趣和遊戲是值得花時間追求的。

133

以樂趣與愉悅為目的的物品設計

為什麼訊息一定要以枯燥乏味的形式，例如數字表格，來呈現呢？在大多數情況下我們不需要精確的數字，只需要一些趨勢指標顯示是向上還是向下、是快還是慢，或者是一些粗略的估計值。因此，為什麼訊息不以多采多姿的方式來維持住邊緣注意力，而且是以一種愉快的方式而不是令人分心的方式呢？石井裕教授再一次推薦這種方法：請想像鮮艷的紙風車在你頭頂上方旋轉，看起來就讓人歡喜，不過，紙風車旋轉的速度是有涵義的，可能是與外面的溫度有關，或者可能與你每天上下班的交通流量有關，或者是任何有用的視覺化的統計數字。你需要在某個特定時間提醒自己做某件事嗎？為什麼不讓這些紙風車在時間快到的時候加快速度呢？轉速越快就越有可能引起你的注意，同時也表明情況的緊急性。為什麼不用旋轉的紙風車呢？為什麼不讓訊息以一種愉悅、舒服的方式呈現呢？

科技應該為我們的生活帶來更多東西，而不僅僅是提高工作績效：它應該使生活變得更豐富且歡樂。為我們的生活帶來樂趣和享受的一個好方法就是信任藝術家的技藝。幸運的是，我們的周遭就有不少例子。

請想一想日式餐盒的樂趣，它一開始是一種簡便的商業午餐。在這個餐盒中，你可以享用到各式各樣的菜色，種類多到即使你不

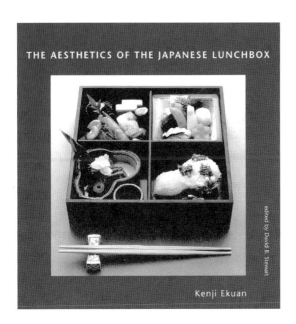

圖 4.2 榮久庵憲司的書《日式餐盒的美學》的封面。這本書詳細描述了設計應該如何結合深度、美感和效能。榮久庵憲司表示,這個餐盒是一個隱喻,表達出日本設計哲學很大一部分。它代表令人著迷的藝術。它遵守越多就是越好的哲學,提供各式各樣的菜色以滿足每個人喜好口味的不同。它原本是一種上班族經濟實惠的午餐,因此它結合了功能、實用、美感,以及哲學實踐。(攝影:Takeshi Doi,圖片提供:Doi、榮久庵憲司和 MIT Press)

喜歡一些主菜,也有其他菜色可以選擇。盒子很小,卻裝得滿滿的,這給廚師一個美學的挑戰。在最好的情況下(見圖 4.2),它是一件藝術作品:藝術本來就是要令人著迷的。日本工業設計師榮久庵憲司(Kenji Ekuan)指出,日式餐盒的美學是一個極好的設計例子。這個餐盒隔成了幾個小格子,每個小格子裡都有五、六種食物,在它小小的空間裡裝著二十到二十五種不同色彩及風味的美食。榮久庵憲司這樣形容它:

如果這樣的努力成果沒有被看一眼，或者沒有得到片刻的欣賞就被吃掉了，廚師……自然會很失望，於是他或她努力使餐盒裡的飯菜變得很吸引人，好讓客人實在是心不甘情不願地拿起筷子開始吃。但即便這樣，吃掉這個完美的傑作也是遲早的問題。客人感受到這個完美的擺設，即使是在他開始破壞這個完美的擺設時仍可感受到。這是美感的供應和接受之間天生的弔詭關係。

餐盒豐盛緊湊的特性具有多項優點。它強迫人們注意擺放和呈現食物的細節。設計的精髓就是把許多東西放入一個小小的空間裡而且還能擁有某種美感，榮久庵憲司說，這也是許多日本高科技設計的精髓，其目標之一就是「使多功能化和微型化同等重要。既要使東西具有眾多的功能又要使它體積更小更薄，這是兩個互相矛盾的目標，但是人必須追求這個矛盾的極限，以便找出解決方案。」

訣竅是把多種功能壓縮到有限的空間裡，而不必在不同層面的設計上做出妥協。榮久庵憲司顯然把美感——亦即美學——擺在第一位。「崇尚輕盈與簡單的美感，」他繼續說：「渴望的是增進功能性、舒適感、奢華感和多樣性。美的實踐和隨之而來的渴望是未來設計的目標。」

美感、樂趣和愉悅的共同作用會產生愉快的感覺，這是一種正面的情感狀態。大部分對情緒的科學研究仍舊集中在負面的焦慮、

害怕和憤怒上，儘管樂趣、歡樂和愉悅才是人們生命中渴望的。不過，這一趨勢正在改變，有關「正向心理學」和「幸福」的書籍文章已逐漸流行。正面情緒具有許多好處：它們有助於克服壓力，對於人們的好奇心和學習能力很重要。以下是心理學家佛德瑞克森（Barbara Fredrickson）和喬伊納（Thomas Joiner）對正面情緒的描述：

> 正面情緒擴展了人們的思想─行為的運作，激勵他們發現思想或行動的新線索。例如，歡樂引起玩遊戲的慾望，興趣引起探索的慾望等。玩遊戲可以培養體能、社會情緒和智能，以及促進大腦發展。同理，探索也會增加知識並提高心理上的複雜程度。

把枯燥的數據變成有點樂趣的東西並不需要太費力。對照一下三家主要的網路搜尋引擎公司的風格。Google 是以一種嬉戲歡樂的方式延伸它的標誌，以配合搜尋結果的數量（見圖 4.3）。有幾個人告訴我他們真想看看 Gooooogle 能延伸到多長。但是，雅虎（Yahoo!）、微軟（Microsoft network, MSN）和其他網站放棄了任何有趣的想法，以一種沒有想像力、規規矩矩的方式直接顯示搜尋結果。小把戲？是的，但卻具有涵義。Google 以好玩有趣的網站──也是非常有用的網站──聞名，它好玩的標誌變形有助於強化

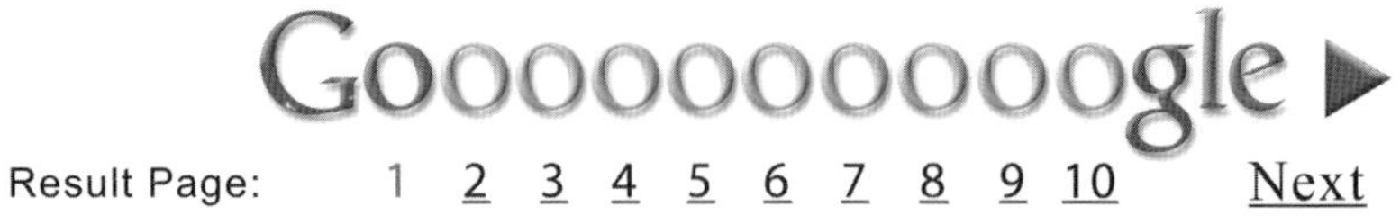

Goooooooooogle ▶

Result Page:　　1　2　3　4　5　6　7　8　9　10　　Next

圖 4.3 Google 以一種富有創意、啟發性的方式玩它的名字與標誌。 某些搜尋引擎會給你很多頁的搜尋結果，因此 Google 將它的標誌修改了：當我用「emotion and design」（情緒與設計）進行搜尋時，得到了 10 頁的結果。Google 延伸它的標誌，將名字加到 10 個「o」，這既好玩又提供了訊息，而且最棒的是不會強制擾亂（圖片提供：Google）

品牌形象：讓網站使用者覺得有趣，也是很好的反思層次設計，同時對企業來說也有好處。

　　設計領域裡的學術圈和研究單位在樂趣和愉悅方面的研究工作還沒有什麼好成績。設計常常被認為是一種實用的技能，是一種專業技術而不是一門學科。我為了寫這本書所進行的研究當中，發現了許多有關行為層次的設計的文獻都對美學、形象和廣告有不少的討論。例如《感動：創造「情感品牌」的關鍵法則》（*Emotional Branding*，中譯本寶鼎出版）一書討論的是廣告。學術界主要把注意力放在設計史、社會史或社會意涵上，或者如果這些人有認知科學和電腦科學的背景，那麼他們會把注意力放在人機介面和易用性的研究上。

　　針對愉悅和設計的科學研究並不多，《設計令人愉悅的產品》（*Designing Pleasurable Products*）一書便是其中之一。該書作者人因專家兼設計師喬丹（Patrick Jordan）以泰格（Lionel Tiger）的研究為基礎，區分出四種愉悅感。我將其詮釋如下：

　　生理的愉悅（Physio-pleasure）——身體的愉悅，包括視覺、

聽覺、嗅覺、味覺和觸覺。它結合了本能層次的許多方面與行為層次的某些方面。

社交的愉悅（Socio-pleasure）——社交的愉悅是從與其他人互動中獲得的。喬丹指出許多產品扮演了重要的社會角色，不論是出於設計或偶然。所有的通訊技術——無論是電話、手機、電子郵件、簡訊，甚至是一般郵件——都是透過通訊來發揮重要的社會角色。有時社交的愉悅是使用的副產品。於是茶水間和郵件收發室成為辦公室臨時聚會的主要地點。同理，廚房也是家庭中許多社交活動的主要區域。因此社交的愉悅兼具有行為層次和反思層次的設計。

心理的愉悅（Psycho-pleasure）——這一方面的愉悅涉及人們在使用產品時的反應和心理狀態。心理的愉悅屬於行為的層次。

理念的愉悅（Ideo-pleasure）——這種愉悅屬於經驗的反思。也就是人們欣賞產品的美學、品質或者產品可以改善生活和尊重環境的程度。如同喬丹指出的，許多產品的價值來自於它們到底述說了什麼。當展示產品給其他人的時候，它們就提供了理念的愉悅，在一定程度上象徵它們主人的價值判斷。顯然理念的愉悅屬於反思的層次。

採用喬丹／泰格的分類方法，結合三個對應的設計層次，就會得出一個有趣和愉悅的最終結果。不過，有趣和愉悅是令人困惑的概念。因此對愉悅的理解在很大的程度上取決於情境。小貓和嬰兒的行為可以被認為是有趣、可愛的。但是，當大貓或者成人做出相

同的行為時就會被認為是令人生氣或厭惡的，而且原先有趣的東西
也會變得不再受歡迎。

來看看「Te ò」濾茶器（見圖 4.4），它是皮羅瓦諾（Stefano
Pirovano）為義大利 Alessi 公司所設計的。乍看起來它很可愛，甚
至有點孩子氣。這個時候，還不能說它是有趣的——暫時不是。它
只是一個簡單的擬人化產品。在我購買它的那一天，我和芝加哥的
伊利諾設計學院設計教授佐藤健一（Keiichi Sato）共進午餐。在餐
桌上，我驕傲地展示我新購買的產品。佐藤一開始的反應是一臉狐
疑。「沒錯，」他說：「它令人覺得愉悅可愛，不過它是做什麼用的
？」但是一當我把它放到茶杯上時，他的眼睛為之一亮，並且哈哈
大笑（見圖 4.5）。

乍看之下，這個人偶的手臂和大腿只是可愛而已，但顯然當可
愛也具有實用性時，「可愛」就已經轉變成「愉悅」和「有趣」了
，而且還蠻持久的。佐藤和我於是花了差不多一個小時的時間來理
解，到底是什麼東西使得淺顯的可愛印象轉變成深刻持久的愉悅。
在 Te ò 濾茶器的例子中，出乎預料的轉折是關鍵。我們兩人都注
意到，這個驚奇的本質在於這兩次觀察是各自分開的：首先，只有
濾茶器，然後才是放在茶杯上。「如果你要在書中發表這個，」佐
藤警告我說：「一定要在一頁紙上只呈現濾茶器，然後讓讀者翻另
一頁去看裝在茶杯上的濾茶器。如果你不這麼做，那麼驚奇——以
及有趣——就不會這麼強烈。」正如你所看到的那樣，我聽從了這

圖 4.4 皮羅瓦諾的 Te ò 濾茶器，Alessi 製造。這個人偶很可愛，顏色和形狀也很吸引人。有愉悅感嗎？沒錯，有一點。有趣嗎？還不算。（作者收藏）

個建議。

　　是什麼東西使濾茶器由「可愛」變為「有趣」呢？是驚奇？是聰明？當然，這兩種特徵都起了很大的作用。

　　這是否就像是古老諺語所說，熟悉生侮蔑？許多東西在一開始很可愛或有趣，但隨著時間就逐漸消逝，甚至變得索然無味。在我家裡，現在這個濾茶器一直擺設著，它就放置在一個茶杯上，緊靠著廚房窗台上的三個茶壺。濾茶器的魅力在於：即使經過多次使用，它仍然有樂趣，儘管我每天都看到它。

　　直到如今，這個濾茶器還只是個小玩意，我相信連它的設計者皮羅瓦諾也會同意。但是它經歷了時間的考驗，依然是優良設計的一個標記。偉大的設計——就像偉大的文學作品、音樂或者藝術一

圖 4.5 Teò 濾茶器，準備好使用了。現在它就有趣了。（攝影：作者）

樣——即使在不斷使用和持續現身之後，仍然會令人激賞。

　　人們往往很少注意熟悉的東西，不管是對所擁有的東西，甚至是對自己的配偶。整體而言，這種適應的行為在生物學上是有用的（是對物品、事件和情況而言，而不是對配偶而言），因為在生活中通常新奇、預料之外的事物會引來更多的注意。大腦天生就能習於重複的經驗。如果我給你看一系列重複的影像，並測量你的大腦反應，會發現大腦的活動量隨著重複而降低。只有當出現新的東西時，你的大腦才會再次做出反應。科學家已表明，最強烈的反應總隨著最意想不到的事件而發生。對於簡單的句子，例如：「他拿起槌子和釘子」，人們的反應微弱，但改變最後幾個字，「他拿起槌子然後吃掉」，你就會看到人們的反應非常強烈。

　　人類的適應力是設計的一項挑戰，卻為廠商創造了機會：當人們厭倦一個產品時，他們可能會購買另一個新的產品。事實上，時尚的本質就在於使當前的流行過時且令人厭倦，把當前流行的東西變成昨天的最愛。昨天還吸引人的東西，今天看起來就不再那麼吸引人了。這本書中的一些例子可能都循著這條軌跡：Mini Cooper汽車，在我寫這本書時它對於評鑑者來說非常迷人可愛；到了你翻閱這本書的時候，可能已經覺得老舊過時且乏味了——以致你很可能會疑惑，我怎麼會選它當作例子呢！

　　基於避免熟悉而影響關注程度，有些設計師建議遮蔽優美的風景，以免頻繁接觸會減弱情感的效果。在《建築模式語言》（*A Pattern Language*，中譯本六合出版）一書中，建築師亞歷山大（Christopher Alexander）和他的同事描述了他們觀察和分析的253種不同的設計模式。這些模式為他們「營建之常道」的指導方針提供了基礎，用許多增進居住在裡面的人的體驗來建造房子。模式134處理的是過度曝光的問題：

　　　　模式134：禪的景觀。如果有美麗的景觀，那麼不要毫無遮掩地面向它建造巨大的窗戶，這樣會破壞了觀景點，而是要把朝著風景的窗戶放置在幾個過渡的地方——沿著走道、在走廊上、在入口處、在樓梯旁、在房間之間。

如果把觀景窗安排在合適的位置，那麼人們走到窗邊或者經過時會瞥見遠處的風景：但是這風景在人們經常逗留的地方是絕對看不到的。

「禪的景觀」這句話出自「一個和尚的寓言故事，他居住在風景優美的一座山上。這個和尚修了一道牆，以便從各個角度遮掩這個景色，只有在走向他的小屋的路上可以短暫瞧上一眼。」亞歷山大和他的同事說，這樣一來「欣賞遠處大海的風景受到限制，使得這個觀景點永遠保持新鮮。看過這風景的人會忘得了它嗎？它的魅力永遠不會消退。甚至對於居住在那裡的人，日復一日地走過那觀景點，它也仍然是新鮮生動的。」

然而，大多數人不是和尚。我們大多數人不能抗拒讓自己融入這樣的美景裡的誘惑。遮掩美麗是否適合我們所有人還有待討論。儘管禪的景觀的寓言和其中的道理很有趣，但它只是主張，不是事實。假設在某段時間內有體驗美感的機會，那麼如果一直持續欣賞著美，即使那種美會隨著時間減退，其整體感受增加得比較多嗎？還是只有在偶爾能瞥見美時，感受的增加更強烈呢？我認為，沒有人知道這個問題的答案。

對我而言，我會直接享受立即的歡樂。我居住的住宅向來會有一扇巨大的窗戶面對外面的景色（當我住在加州南部時是大海，當我居住在伊利諾北部時是有鵝、鴨和蒼鷺的池塘），因此，我不贊同把模式 134 ——禪的景觀——當成一個通用的設計原理。

　　然而，這真的是一個問題。我們在一生中如何始終保持著興奮、興致和美感的愉悅呢？我猜想，部分答案來自對那些經得起考驗的音樂、文學作品和藝術品的研究。在所有這些例子中，這些作品都豐富且深刻，使得每次的體驗都可以感受到不同的東西。以古典音樂來說，對許多人而言，它是無聊、無趣的；但是對另一些人來說，卻真的可以讓他們愉快地聆聽一輩子。我認為它的韻味綿長百聽不膩，是由於它的結構豐富且複雜。古典音樂加入了多種主旋律和變奏，有些是同步的，有些是接續的。人類有意識的注意力會受到每個時刻能注意到的東西所限制，這意味著意識會侷限於音樂相關的有限集合裡。結果，每次重新聆聽音樂都會偏重不同的地方，這樣子音樂就一直都不會令人厭煩，因為它從來都不相同。我相信類似的分析會為所有經得起時間考驗的東西揭示出類似的豐富性：古典音樂、藝術和文學作品。美麗的風景也是如此。

　　我珍愛的景致是動態的。風景會不斷地變化；植物隨著季節變化，光線隨著白晝時間而變化；不同的動物在不同的時間群聚，而牠們彼此的互動以及與環境的互動都不斷在改變。在加州，大海洶湧捲起的波浪不斷變化，反映出數千里外的天氣模式。從我的窗戶可以看到海洋生物——棕色的鵜鶘、灰色的鯨魚、身穿黑衣的衝浪運動員和海豚——隨著天氣、時間和周圍的活動而變化。為什麼禪的景觀不能也如此豐富、持久呢？

　　也許問題不在於所觀看的東西，而在於觀者。和尚很可能從來

都沒有學習如何觀察。一旦你學會了觀看、傾聽，以及分析你面前的事物，你就會明白，體驗是不斷在改變的，而愉悅是永恆的。

這一結論有兩個重要意義。首先，物品必須是豐富、複雜的，其組成要素之間可以產生無盡的交互作用。其次，觀者必須能花時間去研究、分析和思考這種豐富的交互作用，否則景色就變得平淡無奇。如果有某種東西能帶來終生愉悅，那麼有兩項必備的要素：設計師提供強烈且豐富體驗的設計技能，以及感受者的體驗技能。

一個設計如何保持它的效果，甚至在歷經長時間變得熟悉之後仍可保持呢？設計師卡斯拉夫斯基（Julie Khaslavsky）和希德羅夫（Nathan Shedroff）認為，祕訣就是誘惑。

> 對於某些有形和無形的東西的設計，其誘惑的力量超乎購買者和使用者關心的價格和性能問題。產品的外觀有時可以引起甚至突破這項產品的市場反應，這使許多工程師對此感到困擾。它們的共通點是都有能力與它們的觀眾建立起情感的聯繫，這幾乎是觀眾對它們的一個要求。

卡斯拉夫斯基和希德羅夫表示，誘惑是一種過程。它引起豐富強烈的體驗，而且可以持續很久。沒錯，必須要有一種原初的吸引力，但是真正的訣竅——也是大多數產品失敗之處——是在最初爆發熱情後仍維持著這種關係。如果讓人覺得可愛的東西之所以可愛

圖 4.6 兩種具有誘惑力的產品。史塔克的「外星人」柳丁榨汁器，旁邊則是我的具良治廚刀。在有稜紋的頂端旋轉半顆柳丁，果汁就會順著側面流下來滴入玻璃杯中。只是這種鍍金的款式會因酸性液體而損壞。據說史塔克表示：「我的榨汁器不是用來榨檸檬，它是用來打開話匣子的。」（作者提供）

，是出於不重要的部分，而且和它的用途無關，你就會感到失望、惱怒和怨恨。想一想有多少家具或小配件，曾讓你興奮地買回家，然後用過幾次後就被扔掉或收起來？又有多少東西經得起時間考驗，不斷使用仍令你愉悅？這兩種體驗之間的差異是什麼？

卡斯拉夫斯基和希德羅夫提出**吸引**（enticement）、**聯繫**（relationship）和**滿足**（fulfillment）這三個基本步驟：許下感情的諾言，不斷實現這個諾言，並以難忘的方式結束這個體驗。他們同時檢驗史塔克（Philippe Starck）設計的柳丁榨汁器，以闡明他們的論點（見圖 4.6）。這個榨汁器的全名是「外星人榨汁器」（Juicy Salif），是在義大利托斯卡納的卡普拉雅島（Capraia）上一家披薩店的餐巾紙上設計出來的。產品是由 Alessi 公司所推出，公司負責人艾烈希（Alberto Alessi）這樣形容該設計：

> 在這張餐巾紙上，沾有一些不可辨認的污漬（多半是沾到番茄醬），上面畫有一些草圖，烏賊的草圖。從左邊開始巧妙地延伸到右邊，它們具有無可挑剔的形狀，即將變成這個世紀末最著名的柑橘類榨汁器。你可以想像當時發生了什麼：在吃一盤烏賊時同時擠上一顆檸檬，我們這位設計師終於得到了靈感。「外星人榨汁器」誕生了，隨之而來的卻是讓「形隨機能」（Form follows function.）的信徒傷起了腦筋。

　　這個榨汁器的確吸引人。我看到它，立刻產生店家最喜愛的連續反應：我對自己說：「哇！我要這個。」然後，我才問：「這是什麼東西？做什麼用的？賣多少錢？」最後的結論是「我要買它」，我也真的買了。那是純粹的本能反應。這個榨汁器真的很古怪，不過也很討人喜歡。為什麼呢？還好卡斯拉夫斯基和希德羅夫為我做了這樣的分析：

> **轉移注意力加以引誘**——它在形狀、外形和材料的性質上不同於所有其他的廚房用品。
>
> **提供意外的新奇**——不會馬上被歸類為榨汁器，它的外形很不尋常，足以引起人的興趣，當它的用途開始變得明顯時甚至會令人更加驚訝。
>
> **超出顯而易見的需求和期望**——要滿足令人驚訝和新奇的這些標準，它只需要變成明亮的橘色或者全部是木製的。但它超乎期望或要求，完全變成其他的東西。
>
> **引起本能的反應**——一開始，這個形狀激起人的好奇心，然後是迷惑的情緒反應，可能會有點害怕，因為它具有非常鋒利和危險的外形。
>
> **支持個人目標的價值觀或聯繫**——它把常見的榨柳丁動作變成特殊的體驗，它新穎的方式、簡潔優雅的外形和性能引起了欣賞和佔有它的欲望，不僅僅是佔有物品，而且還佔有它

創造出來的價值觀，包括創新、原創性、優雅和精緻。它呈
現出擁有者的許多特質，就如同它呈現出它的設計師特質一
樣。

承諾實現這些目標——它承諾要使平常的活動變得不平常，
它還承諾透過認識它的品質，將擁有者的地位提昇到成熟優
雅的更高層次。

引導不刻意觀察的人發現榨柳丁過程中更深刻的東西——儘
管榨汁器不必教導使用者有關果汁或榨汁過程的新東西，但
它確實傳授了一堂課，那就是生活中的日常用品也可以很有
趣，同時設計可以提高生活品質。它也教會人們期待未曾期
望的奇蹟——全都是對未來的正面情感。

實現這些承諾——每次使用它時，它都提醒使用者它的優雅
和想傳達的理念。它透過它的性能實現了這些承諾，重新召
喚與產品有關的最原始情緒。它成了它的擁有者與他人間的
驚喜和話題——同時是再一次支持並確證其價值的契機。

　　無論這個榨汁器作為有誘惑力的產品分析多麼有說服力，都遺
漏了一項重要的因素：進行解釋的反思愉悅。榨汁器說出了故事，
不論誰擁有它都一定會想要炫耀並說明，可能還會當眾示範。但是
請注意，這個榨汁器並非真的要用來榨果汁。如同傳聞中史塔克曾
說過：「我的榨汁器不是用來榨檸檬，它是用來打開話匣子的。」

的確，我擁有的這個既昂貴又有編號、是週年紀念特別版（至少是鍍金的），明白表示：「它不是為了要用來榨果汁的榨汁器。」這是附在榨汁器旁的編號卡片上寫的，同時還寫著：「如果與任何酸性物質接觸，鍍金可能會受損。」

我購買了一個昂貴的榨汁器，卻不允許我用它來榨果汁！在行為層次的設計上它得零分。但這又有什麼關係呢？我自豪地在我的玄關展示這個榨汁器，它在本能層次的設計上得到一百分，在反思的吸引力上也得了一百分。（不過，有一次我真的用它榨果汁——誰能夠抗拒呀？）

誘惑的確是真實的。在圖 4.6 中，榨汁器旁邊的日本具良治廚刀，它不像這個榨汁器主要是為了裝飾而非要拿來使用，這把刀既好看又好用。平衡感很好，手感也不錯，而且比我用過的任何其他刀具都鋒利。真是充滿誘惑啊！我盼望著在我做菜時用它切菜，因為這些刀（我有三種不同的款式）實現了卡斯拉夫斯基和希德羅夫所提出的所有誘惑的要求。

音樂和其他聲音

音樂在我們的情感生活中有一種特殊的作用，對節奏和韻律、旋律和曲調的反應是發自本能的，在所有的社會和文化中是固有的

151

定律。因此，它們一定是我們人類演化遺產的一部分，許多先天反應都是在本能層次上。身體會隨著節奏自然的擺動，快速的節奏適合搭配拍打或行進，緩慢的節奏適合散步或搖擺。舞蹈也是全人類共通的。緩慢的節拍和小調感覺悲傷，輕快優美的音樂適合跳舞，曲調和諧而音高和音量範圍相對固定的聲音是快樂的。恐懼時用急速的節拍和不和諧音，同時在音量和音調上突然改變。整個大腦都在作用著——知覺、行為、認知和情緒：本能的、行為的和反思的。音樂在某些方面是所有人類共通的，有些方面在不同文化間則變化很大。儘管認知科學和心理學對音樂進行了廣泛的研究，人們對它還不是很瞭解。我們只知道，透過音樂產生情感狀態是全人類共通的，在所有文化中都很類似。

當然，「音樂」這個用詞包含許多活動——作曲、演奏、聆聽、演唱、舞蹈。其中一些活動，例如演奏、舞蹈和演唱，顯然是行為層次的；另一些活動，例如作曲和聆聽，顯然是反思和本能層次的。音樂體驗可以由某個極端到達另一個極端，一個極端是整個心靈完全沉浸在音樂中，完全地全神貫注；另一個極端是背景音樂，人們不會有意識地去注意。不過即使在這種情況下（後者），自發的本能層次帶動並記錄了音樂的旋律和節奏的結構，巧妙地、潛移默化地改變著聆聽者的情感狀態。

音樂影響所有這三個層次的運作。最初對節奏、旋律和聲音感到的愉悅是本能的；演奏和指揮各個聲部所帶來的愉悅是行為的；

分析樂譜旋律的交錯、重複、反轉和變換的愉悅是反思的。對於聽眾來說，行為的層次是替代性的。而反思的吸引力可以有以下幾種方式：在某個極端，人們會對一首音樂作品的結構有著深刻的理解，或許還會讓人聯想到其他的音樂作品。這是音樂評論家、鑑賞家或學者具有的音樂鑑賞層次；在另一個極端，音樂結構和歌詞內容可能會設計成讓它產生愉悅、驚訝或震驚的效果。

最後，音樂具有一個重要的行為因素，這是由於一個人主動參與音樂演奏，或是同樣主動配合演唱或跳舞。不過僅僅聆聽音樂的人也藉著哼唱、打拍子或者在心中跟隨或期待著接下來的旋律而參與其中。一些研究者認為，音樂既是運動行為也是知覺行為，即使只是在聆聽著。此外，行為層次還可以有替代性的參與，這很像是看書的讀者或者看電影的觀眾（本章稍後我會討論到這個主題）。

韻律是人類與生俱來的，人體中就有許多韻律模式，但是特別有趣的是那些與音樂節拍有關的部分：也就是，從每秒鐘出現幾次事件到每次事件花幾秒鐘，諸如心跳和呼吸等身體功能的範圍。或許更重要的是，它也是身體活動自然的頻率的範圍，無論是散步、拋擲還是講話。在這速度範圍內可以很容易舞動四肢，但要做得更快或者更慢都會很困難。就像時鐘的頻率由鐘擺的長度來決定一樣，身體可以透過收縮或者放鬆肌肉來調整活動四肢的有效長度，以調整其自然的節奏，使它們自然的韻律節奏與音樂的頻率相符。因此在演奏音樂時身體可以保持同樣的節奏並非偶然。

　　所有的文化在音樂方面都有所發展，儘管它們各不相同，但是都遵循著相同的基本結構。八度音階與和諧和弦及不和諧和弦的特性，有一部分是來自物理過程，另一部分則來自內耳構造的特性。當一組音樂序列符合或違背它預期中的節奏或音調序列時，這種預期在情感狀態的形成上會扮演最重要的角色。小調比大調對我們更有不同的情感影響，一般都代表悲傷或憂鬱。主調結構、和弦的選擇、節奏和曲調等的組合，以及不斷地強化張力及反覆變化，都對我們造成強大的情感影響。有時這些影響是潛意識的，例如電影中的配樂，不過那是有意識地激起特定的情感狀態；有時這些影響是有意識且故意的，例如當我們全心全意專注聆賞音樂時，讓自己本能上被音樂衝擊所帶動，在行為上被音樂節奏所撼動，並且在反思上因為內心產生的情感狀態而創出真實的情緒。

　　在從事不費心思的活動時、在疲倦的長途旅行中、在長距離步行時、在做運動或者純粹消磨時間時，我們都用音樂打發。在之前，音樂還不方便攜帶；在留聲機還未發明之前，只有音樂家在場時我們才能聽到音樂。今天，我們可以隨身攜帶隨身聽，只要我們願意，我們可以一天 24 小時都在聽音樂。航空公司深知音樂是如此重要，因此每個座位都提供多種不同風格和長度的音樂，可以自由選擇設定。汽車裝有收音機和音響。攜帶式設備也不斷地增加，可能是小巧方便攜帶的，也可能結合製造商認為你或許想擁有的其他設備：手錶、珠寶、手機、相機甚至工具（見圖 4.7a 和 b）。無論

a

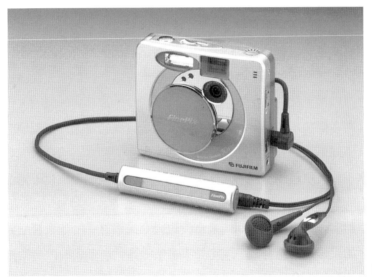

b

圖 4.7 到處都有音樂。在練習高爾夫球時、或者要重新充電時、在照相時、或講手機時，還有當然，在你開車時、跑步時、搭飛機時，或者就只是單純聆聽音樂時。圖 a 是 DeWALT 手提式工具的蓄電池充電器，有內建的收音機；圖 b 是內建 MP3 功能的數位相機。（圖 a 由 DeWALT 工業工具公司提供，圖 b 由美國富士公司提供，此款已停產）

什麼時候家裡整修施工告一段落時，我注意到工人會先拿出他們的錄放音機，把它放在某個中心位置，以相當大的音量播放，然後拿起他們的工具、設備和電源供應器敲打。一家為建築工人提供無線電工具的廠商 DeWALT，注意到這個現象，聰明地做出回應，把一個收音機內建在蓄電池充電器裡，將兩種必需品結合成一個容易攜帶的盒子，如圖 4.7 所示。

不斷增加的音樂作品說明了音樂在我們情感生活中扮演著重要的角色，韻律、節奏和旋律對於我們的情感來說是非常基本的，音樂也有其感官上和性方面的暗示，所有這些都使得許多政治和宗教團體試圖禁止或者箝制音樂和舞蹈。音樂充當了我們全天候情感狀態之微妙潛意識的強化器。這是為什麼它會永遠存在的原因，也是為什麼在商店、辦公室和家庭裡播放背景音樂的原因。每個地方都適合不同風格的音樂：活力十足、令人振奮的節奏不適合大部分辦公室（或者殯儀館）裡的工作；悲傷、令人落淚的音樂也不適合高效率的製造業。

然而，伴隨而來的問題是音樂也會令人惱怒——如果音樂太大聲，如果強迫人聽音樂，或者如果音樂表達的心情與聆聽者的期望和心情互相衝突的話。背景音樂是美好的，只要它一直待在背景中，然而一旦它開始擾亂我們的思緒，對我們就不再有幫助，反而變成令人分心、惹人生氣的障礙物。音樂必須審慎運用，它既可以有害也可以有益。

　　不過如果音樂可能令人心煩，那麼今天具有干擾性質的嗶嗶聲、嗡嗡聲、電子設備的聲響是怎麼回事呢？這是猖獗的噪音污染。如果音樂是正面情感的來源，那麼電子聲音就是負面情感的來源。

　　一開始是嗶嗶聲。工程師想用信號表示已完成某些操作，因此他們就讓設備播放出一種簡短的音調。結果，所有的設備都向我們發出了嗶嗶聲，無所不在的嗶嗶聲真教人火大。唉！所有的嗶嗶聲讓聲音聲名狼藉。不過運用得當的話，聲音仍然兼具情感上的滿足感及訊息傳遞上的豐富性。

　　自然的聲音是最佳的表意傳遞：兒童的笑聲、生氣的聲音、製作精良的車門發出堅實的關門聲「鏘」；一個做工粗糙的關門聲會產生讓人不滿的細弱聲響。一顆石頭落入水中會「撲通」一聲。

　　但是現在我們有太多的電器會發出未經思考、沒有音樂感的低沉聲音，這些令人討厭刺耳的嗶嗶聲或其他令人不安的聲音，儘管有時是有用的，但大多數情況下是令人不安、煩躁和刺耳的噪音。當我在廚房做菜時，切菜、剁肉、裹上麵包粉和煎炒的愉快活動，不斷被定時器、按鍵和其他構想拙劣的設備發出的叮咚聲和嗶嗶聲破壞殆盡。如果我們打算用一些裝置來發出訊號提示狀態，那麼為什麼不多花點功夫在發出訊號的裝置上，使它們的旋律優美且親切，而不尖銳刺耳？

　　產生悅耳的聲音而不發出令人不悅的嗶嗶聲是可能的。圖 4.8 中的茶壺在水燒開時，會發出一種優美的和弦。賽格威（Segway）

圖 4.8 沙波（Richard Sapper）的茶壺裝有會唱歌的鳴笛，Alessi 製造。設計師花
了相當大的努力使汽笛產生的「e」和「b」的和弦，或者，像艾烈希描述的那樣，鳴
笛聲是「從往來於萊茵河的輪船和遊艇聲音得到靈感的」。（Alessi 9091，由沙波於
1983 年設計，是具有優美笛聲的茶壺，圖片提供：Alessi）

是一種兩輪的個人交通工具，其設計者對於「賽格威 HT 的細節非
常著迷，甚至將變速箱裡的齒合設計成可以各別精確地發出兩種八
音階的聲音——當賽格威 HT 移動時會發出音樂，而不是噪音。」

　　有些產品已設法將趣味和訊息內建在它們發出的聲音中。就因
為如此，我的 Handspring Treo ——一結合了手機和 PDA 的產品
——在打開時會有一種悅耳的三和弦上揚的旋律，關閉時是下降的
旋律。這就提供了有用的訊息來確定操作已完成，而且也提供了有
趣的小提示，讓這個可愛的裝置順從地為我服務。

　　手機的設計師大概是最先瞭解到可以改善他們產品中刺耳的人

工聲音。現在一些手機播放豐富低沉的音樂聲，讓優美的旋律替代刺耳的鈴聲。而且使用者可以選擇聲音，允許每個打電話來的個人都聯結到一個獨特的聲音。這對經常打電話的人和朋友們來說特別有價值。「當我聽到這個曲子時，我常想到我的朋友，因為無論什麼時候他打電話給我，他就是選用這個音樂。」一個手機使用者對我描述他如何選擇適合對方的「鈴聲」：愉快的曲調設定給那些愉快的人們，在情感上有特別意義的曲調設定給那些共享經驗的人，悲傷或生氣的音樂就留給悲傷或生氣的人。

不過，甚至在我們用悅耳的聲音代替了刺耳的電子音後，聽覺上仍有缺點。一方面，毫無疑問，聲音——包括音樂或其他聲音——是表達的有效媒介，提供了快樂、情感的暗示，甚至可幫助記憶；另一方面，聲音在空間中傳播，在一定範圍內均質地傳給任何人，無論這個人是否對這個活動感興趣：音樂鈴聲使電話的主人非常滿意，而對於其他能聽到的人則可能是令人不滿的干擾。眼瞼讓我們可以遮住光線，唉！但是我們並沒有耳瞼這種東西。

在公共場所——市區街道上、大眾運輸系統上，甚至是在家中——聲音會強行進入。電話當然是最糟糕的干擾之一。當人們大聲說話以確保對方可以聽到時，他們也使這個範圍內的所有人都聽到了。誠然，電話並非唯一的干擾，還有收音機、電視和其他設備的嗶嗶聲與蹦蹦聲。還有越來越多的設備開始安裝嘈雜的風扇。因此暖氣和空調設備的風扇蓋過了我們的談話，而辦公設備和家用電器

的風扇加深了白天的緊張。當我們外出時，呼嘯而過的飛機聲、汽車喇叭聲和引擎聲、卡車倒車的警告聲、別人大聲播放的音樂，緊急警報聲，還有刺耳的手機鈴聲，常常像是音樂大演奏似的，時時轟炸著我們。在公共場合裡，我們又太常被公開廣播所打擾，由完全沒有必要且令人惱怒的「請注意、請注意」開始，接著則是只和某個人有關的報告內容。

　　眼看著這些聲音不斷地增加實在沒有道理。許多手機可以選擇把鈴聲設定為不惹人注意的振動方式，只有攜帶者會知道，其他人都感覺不到。如果依照圖 4.8 中的沙波茶壺或者是賽格威的設計思路，必要的聲音可以做成優美快樂的音樂。冷卻或通風用的風扇可以透過降低轉速和加大扇葉的尺寸，把它們設計成既安靜效率又高。降低噪音的原理大家都明白，但是很少人會遵循這些原理。在適當時間和地點的音樂聲是情緒的強化器，而噪音則是情緒壓力的一個巨大來源。不必要、令人討厭的聲音會讓人焦慮，導致負面的情緒狀態，並因此降低我們所有人的效率。噪音污染和環境中的其他污染一樣，對人們的情感生活有不好的影響。

　　聲音可以是好玩的、帶有訊息的、有趣的，且在情感上振奮人心。它可以使人開心，傳遞訊息。不過，它必須和設計的其他方面一樣認真設計。目前，對於聲音設計這方面很少人關心，結果就是使日常用品的聲音惹惱了許多人，幾乎沒有人對此感到愉悅。

電影的誘惑力

所有的戲劇藝術都致力於讓觀眾在認知和情感上投入，因此它們是探索愉悅的完美媒介，在我為本書進行研究時，發現了布爾斯汀（Jon Boorstin）對電影的分析是三種運作層次如何造成影響的極佳範例。他在 1990 年出版的《好萊塢之眼：電影賣座的原因》（*The Hollywood Eye: What Makes Movies Work*）一書，很符合我書中的分析，我只需說明一下他的看法。

布爾斯汀指出電影有三種不同情感層次的吸引力：**本能的**（visceral）、**替代的**（vicarious）和**窺視的**（voyeur），與我的本能的、行為的和反思的三種層次形成完美的呼應。先讓我以電影的本能方面開始說起。布爾斯汀對電影這方面的描述與我本能的層次相同。事實上這兩者真的非常匹配，也讓我決定以他的用語取代我本來在科學性著作中「反應的」（reactive）這一用語。「反應的設計」這個說法不太能準確抓住意思，不過有一次我讀了布爾斯汀的分析之後，「本能的設計」顯然完美多了，至少對此處的目的而言（但是，在我科學性著作中，我仍使用「反應的」一詞）。

「電影能喚起激情。」布爾斯汀說：「並不是崇高的情操，而是蜥蜴的腦（lizard brain，指可回溯至爬蟲類時代的非理性情緒）的反應——運動的興奮、摧毀的快樂、強烈的性慾、殺戮的慾望、恐怖的感覺、厭惡的情緒。你可能會說，這是感覺而不是情感，更複

雜的感受需要移情的反應，但是這些簡單的強烈慾望伸展開來，不用任何媒介就掐住了我們的喉嚨。」他把《日落黃沙》（ *The Wild Bunch* ）裡的慢動作殺人、《變蠅人》（ *The Fly* ）裡的怪物，還有情色電影裡的溫柔呵搔，作為電影在本能方面的例子。加上《霹靂神探》（ *The French Connection* ）裡的追逐（或者任何的經典間諜片或偵探故事）、槍戰、飛行、冒險故事，當然還有恐怖怪獸電影，你都會有典型的本能層次的歷險。

　　請注意音樂和燈光所扮演的重要角色：黑暗、毛骨悚然的場景和悲觀又充滿不祥徵兆的音樂。小調是悲傷的或者不快樂的，喜氣洋洋活潑的調子適合正面的情感。明亮的色彩和燈光相對於暗沉憂鬱的色彩和燈光，所有這一切都發揮了本能的影響力。攝影機的視角也有它的作用，如果太遠，觀眾就沒有臨場感，而是改為觀察；太近的話，影像又過大而有直接、立即的影響。從高處看電影，場景中的人物縮小；從低處看電影，演員則孔武有力。這些手法都在潛意識的層次上發揮作用，我們通常不會意識到導演和攝影師使用技巧操控我們的情緒，本能層次完全沉浸在影音當中。對技術的任何覺知都是發生在反思層次，而且會分散本能層次的注意力。事實上，評論電影的唯一方法就是使自己變得超然，擺脫本能的反應，並能夠考慮技巧、燈光、攝影鏡頭的角度和移動。在分析電影時很難享受觀賞電影的樂趣。

　　布爾斯汀的「替代的」層次對應我的「行為」層次。「替代的」一詞很恰當，因為觀眾不能直接參與電影中的活動，只能欣賞和觀察。如果電影的拍攝精良，那麼他們會以替身方式享受這些活動，替代性地體驗這些活動，彷彿他們自己參與其中。正如布爾斯汀所說：「替代的眼睛把我們的心放在演員的身體內：我們感受演員的感受，但是我們為了自己評斷它。與真實生活中的關係不同，在這裡我們可以信心滿滿地拋開自己讓位給其他人，我們相信一切都在掌握之中。」

　　如果本能層次用內容抓住觀眾，引起自動的反應，那麼替代層次則用電影中的故事和情感線索讓觀眾融入其中。在正常的情況下，情感的行為層次是由某個人的活動引起的：這是行為和行動的層次。在電影的例子中，觀眾是被動的，坐在電影院裡，替代性的體驗這些活動。然而，替代經驗可以在相同的情感系統上作用。

　　這是說故事的力量、劇本的力量、演員的力量，把觀眾帶入讓你深信不疑的世界。這是「對懷疑的刻意懸置」（The willful suspension of disbelief），是英國詩人柯立芝（Samuel Taylor Coleridge）認為的詩歌的精髓。這是引起你注意的地方，你被吸引到故事中，對情境和角色產生認同。全神貫注於電影時，自己在世界中消失，時間好像靜止了，身體進入轉換的狀態中，社會科學家契克森米哈賴稱之為「心流」。

　　契克森米哈賴的心流狀態是一種特殊的、超然的意識狀態，你

只意識到這一瞬間、這一活動和這單純的愉悅。它幾乎可以在任何
活動中產生：熟練的工作、運動、電玩遊戲、棋盤遊戲或任何這類
需要動腦的活動。你可以在電影院、在讀書時，或者在密集的解決
問題時體驗到。

心流的必要條件包括不分心，以及活動的步調恰好匹配你的技
能並且難度略微高於你的能力。困難程度必須剛好在能力的邊緣：
太難的任務會令人沮喪；太容易的又會令人厭倦。這種情況必須使
你所有意識的注意力全部集中，這樣高度的專注可以削弱外面事物
的干擾，而時間感也消失了。它是緊張、令人疲倦、有效和使人愉
悅的。難怪契克森米哈賴和他的同事花了很多時間來探索這種現象
的不同形式。

電影在替代層次上成功的關鍵在於形成和保持心流狀態。節奏
必須要適當，要避免挫折感或無聊。如果一個人真的進入心流的狀
態，那麼就沒有干擾物或分心物可以分散注意力了。無論什麼時候
我們談到電影或者其他「逃避現實」的娛樂活動，我們都是指替代
的狀態和情感的行為層次能夠使人擺脫生活中的煩惱，帶領人們進
入其他世界。

窺視的層次是智性的層次，站在後面進行反思、觀察、評論和
思考某個體驗。這是角色、事件的深度和複雜性以及電影想要傳達
的隱喻和類比，產生了比表面上看到的角色和故事更深刻、更豐富

的意義。「窺視者的眼睛，」布爾斯汀說：「是理智之眼，而不是心靈的眼睛。」

「窺視者」一詞經常用於指對感官或者性對象的觀察，但在這裡不是這個意思。布爾斯汀解釋說，用「窺視者」一詞，並不是指「性怪癖，而是用韋氏字典的第二個定義：窺視者是愛打聽的觀察者。窺視者的快樂是看到新奇和奇妙的事物所產生的純粹快樂。」

窺視者眼裡需要的是對事情的解釋──這是認知、理解和說明的階段。正如布爾斯汀指出的那樣，替代經驗可以有很大的出入，但是窺視者的眼睛永遠在觀察，永遠在思考，是邏輯的，是反思的：「我們之中的窺視者是理性對待錯誤、不耐煩、吹毛求疵和沒有想像力的，不過如果給予適當的尊重，就可以提供全新的場景或思慮周到的新鮮故事所帶來的新奇且明智的特殊愉悅感。」當然，窺視者也可能產生情感上的懸念，同時窺視者也明白知道邪惡的惡棍正躲藏著等待英雄出現，而圈套似乎無法避免，並深知英雄即將面臨死亡，或者至少是痛苦和折磨。這種程度的刺激仰賴思考的頭腦，當然，還有會利用這些臆測的聰明導演。

但是，正如布爾斯汀指出的，窺視者的批評可以毀掉一部完美的好電影：

> 它可以用最世俗的考量毀了最戲劇性的時刻：「他們在哪兒？」「她怎麼上車？」「槍從哪兒來的？」「他們為什麼不報警

？」「他已經打了六發子彈了，怎麼還在發射？」「他們永遠
不會及時到達！」為了使電影賣座，一定要撫慰窺視者的眼
睛；而為了使電影大獲成功，一定要陶醉窺視者的眼睛。

窺視者看的電影是反思的電影，例如《2001 太空漫遊》(*2001:
A Space Odyssey*) 除了一段本能層次的片段之外，就是麻痹頭腦的
理智主義和幾乎只有反思體驗。《大國民》(*Citizen Kane*) 是個極
好的例子，它既是迷人的故事，又能帶給窺視者喜悅。

正如我們的感受不能恰好劃分到本能的、行為的或者反思的單
一層次中，電影也不能被恰好地裝入這三種包裝中的任一項：本能
的、替代的或窺視的。大多數體驗以及大多數電影都橫跨了三種類
型。

最好的產品和最好的電影巧妙地平衡了所有這三種形式的情感
影響。儘管如布爾斯汀所說，《豪勇七蛟龍》(*The Magnificent Sev-
en*) 是「七個傢伙把一座城市從強盜手中拯救出來」，如果那是它
所有的目的，那麼它不會變成這樣一部經典作品。這部電影的誕生
是始於日本 1954 年由黑澤明導演的《七武士》。在日本，它是關
於七個被雇用的勇士從盜賊手中拯救了一個村莊的故事。1960 年
由史達區 (John Sturges) 重新拍成《豪勇七蛟龍》這部美國西部
片。兩部電影都遵循了相同的故事線索（兩者都很優秀，儘管許多

電影愛好者更喜歡原著）。兩部電影都成功地在所有這三種形式上抓住了觀眾：有著本能上使人著迷的場景，又有能產生共鳴的引人入勝的故事，以及足夠的深度和隱喻暗示以滿足反思的窺視者。

聲音、色彩和燈光都有著重要的作用。在最佳情況下，它們在意識沒有察覺的情形下加強了人們的感受。表面上背景音樂是有些奇怪的，因為甚至是在所謂的寫實電影裡也存在背景音樂，而實際上我們日常的真實生活中並沒有音樂在演奏。力求純粹的人嘲笑音樂的使用，但是省略了音樂，電影就糟了。音樂似乎可以調節我們的情感系統，增進各個層次的體驗：本能的、替代的和窺視的。

燈光可以加強體驗。儘管今天大多數的電影都是彩色的，導演和攝影師仍可以透過燈光和色彩的風格來影響電影。明亮的原色是一個極端，其他還有含蓄柔和的色彩或者燈光朦朧的場景；另一個極端是選擇不使用彩色，拍成黑白電影。儘管黑白電影已經很少見了，但是黑白可以表達出與彩色極不相同的強大戲劇效果：電影攝影師可以巧妙運用對比——明、暗，以及微妙的灰色——來傳達影像的情感基調。

製作電影的技巧涉及了各種領域。一部電影的所有要素都會影響到結果：故事線索、速度和節奏、音樂、鏡頭的取景、剪輯、攝影機的位置和移動，所有這些加在一起成了一個連貫複雜的體驗。要周延的分析應該可以寫出許多本書，事實上也已經有許多書了。

然而只有當觀眾沒有注意到這些效果時，才代表它們運作得好

極了。《不在場的人》（*The Man Who Wasn't There*，由科恩兄弟編導）被拍成黑白電影，為此電影攝影師狄金斯（Roger Deakins）表示，他要用黑白取代彩色，使人不會從故事中分心；然而不幸的是，他深陷於黑白影像的力量。這部電影有著絕妙的運鏡及高度的明暗對比，在一些地方還有引人注目的逆光發生，這些都是我注意到的。然而這是電影中的一個禁忌：如果你注意到它，那就太糟了。注意是屬於反思（窺視的）層次的，會干擾你暫停懷疑，而這對於在行為（替代的）層次上完全沉浸在心流狀態中是非常重要的。

　　《不在場的人》的故事線索和吸引人的說明，豐富了這部電影的替代性愉悅，不過一旦注意到了它的攝影，而在內心產生評價（「他為什麼那樣做？」「看看那華麗的燈光」……等等），會導致窺視愉悅感中斷，使得替代經驗的愉悅失去蹤影。是的，你應該能夠在之後回神，並對電影的製作方式感到驚奇，但這不應該硬加諸經驗之中。

電玩遊戲

　　睡過頭了，八點就要開始工作。在車子到來之前只有迅速喝杯咖啡的時間。廚房令人作嘔，昨天晚上和親友簡單聚會之後還沒有收拾。得洗個澡，卻沒有時間（浴室裡的水從破裂

的水槽流得滿地都是，我還沒空修理）。上班遲到、衣著不整、心煩意亂，結果被降了職。五點回到家，收款員突然出現把我的電視斷訊，因為我忘了繳費。女朋友不跟我說話，因為昨天晚上她看到我對鄰居的女孩調情。

　　你能瞭解這段話其實是在描述某個電玩嗎？它不僅感覺像是真實生活，而且還是糟糕的生活。為什麼有人認為它是電玩呢？電玩不是應該是有趣的嗎？沒錯，它不僅是一個電玩遊戲，而且還是個暢銷的電玩遊戲，叫做「模擬市民」（The Sims）。發明「模擬市民」的設計者萊特（Will Wright）解釋說，這是電玩主角生活中典型的一天，剛入門的玩家就是這樣開始玩起的。

　　「模擬市民」是互動的模擬世界遊戲，也叫做「上帝」（God）遊戲或有時候也叫做「模擬生活」（Simulated life）。玩家像上帝一樣創造角色，並用房子、器具和活動充實他們的世界。在這個遊戲中，玩家不控制遊戲中的角色要做什麼，玩家只能設定環境和制定某些規則。

　　儘管這些電玩角色不得不生活在玩家所建立的環境和規則中，但他們仍然可以控制他們的生活，其結果是這些角色所做的常常不是他們的上帝想要他們做的。上面引用的那段文字是電玩角色不能應付他的上帝創造的世界的一個例子。但是萊特也表示，當玩家創造世界的技能越來越精進時，這個電玩角色或許就能在每天結束的

片刻「在泳池邊喝杯冰涼薄荷酒」。

萊特這樣解釋這個問題：

> 「模擬市民」的確是一個關於生活的遊戲，大多數人不會意識到有多少策略思考發生在日常生活的分分秒秒中。我們對此非常習慣，它像是背景任務般深埋在我們的潛意識中。但事實上你做的每個決定（從哪個門進去？到哪裡吃午餐？什麼時候睡覺？）都在某種程度上經過計算最佳化了一些事（時間、快樂、舒適）。這個遊戲就是針對這個內在過程，讓它外顯化且看得見。在這個遊戲中，玩家最常做的第一件事是重新建立他們的家庭、住宅和朋友。接著，他們會玩和自己相關的遊戲，還蠻奇怪的是，這又超現實地反映了他們自己的生活。

遊戲是種普遍的活動，許多動物都會玩遊戲，當然我們人類也會。遊戲有許多目的，可能是許多日常生活必備技能良好的事前練習方式，它幫助兒童形成在社群中有效生活必要的合作和競爭精神。對動物而言，遊戲幫助牠們建立其社會統治階級。競賽比遊戲還更具組織性，通常有比較正式或至少約定俗成的規則，帶有某種目的，並有一些計分的機制。也因此，競賽往往是競爭性的，會分出勝利者和失敗者。

　　運動比起競賽又更具正式的組織，同時觀眾和運動員都更為專業。因此，對於觀賞運動的分析有點類似於電影，因為體驗都是替代性的，同時都有窺視者。

　　在各式各樣的遊戲、競賽和運動中，也許最令人興奮的新發展是電玩遊戲。這是一種新的娛樂形式：文學、電影、玩遊戲、體育活動、互動式小說、說故事──不僅包括這些，還不只於此。

　　電玩遊戲曾被認為是十幾歲男孩不用動腦的消遣活動。現在已經不再是這樣了。世界各地的人都在玩，在美國就有一半以上人口參與其中。從兒童到成人大家都在玩，玩家的平均年齡大約是 30 歲，男性和女性各半。電玩遊戲分成許多種。在《電玩遊戲大全》（*The Medium of the Video Game*）一書中，沃爾夫（Mark Wolf）區分了 42 種不同的類別：

> 抽象、適應、冒險、虛擬生物、棋奕、捕抓、紙牌、攔截、追擊、收集、格鬥、爆破、診斷、閃躲、駕駛、教育、逃跑、戰鬥、飛行、賭博、互動式電影、模擬管理、迷宮、障礙訓練場、紙筆遊戲、彈珠台、平台遊戲、程式遊戲、拼圖、猜謎、賽車、角色扮演、節奏和跳舞、槍戰影片、模擬、運動、戰略、桌面遊戲、射擊、文字冒險、訓練模擬和多用途遊戲。

　　電玩遊戲是互動式故事與娛樂的混合物。在 21 世紀，電玩遊戲可望發展成完全不同的娛樂、運動、訓練和教育等形式。許多遊戲是相當低階的，只是讓玩家扮演某種角色，需要快速反應──有時需要很大的耐心──來穿過一系列固定的障礙以獲得升級，進而得到某個總分或是完成某個簡單的任務（像是「營救被困的公主，解救國王」）。且慢，現在遊戲的故事還變得越來越複雜和真實，要求玩家更多的反思和認知反應，以及更少的本能反應和更快的運動反應。圖像和聲音變得非常出色，模擬遊戲甚至可用於真實的訓練，無論是飛機駕駛、操作鐵路系統，還是駕駛賽車或汽車。（最精密的電玩遊戲是航空公司使用的完全逼真的飛行模擬，它們非常精確，能夠用來核發飛航駕駛員的客機駕駛執照，即使駕駛員之前從來沒有開過真的飛機。但是，不要把這些稱作「遊戲」，它們是被嚴肅以待的事，有的模擬系統和飛機本身一樣昂貴。）

　　今天電玩遊戲的業績逐漸逼近電影的票房收入，甚至在某些例子中還超過了。而且我們其實還處在電玩遊戲的早期發展階段。請想一想，在十年或二十年後它們會是什麼樣子。在互動式遊戲中，故事發展既依賴於你的動作，又依賴作者（設計者）設定的情節。這一點與電影形成對照，在電影裡你不能控制任何事件，因此玩了遊戲再看電影時，人們會懷念能夠控制的遊戲，會覺得好像「被限制在觀看單調的情節中」。而且，參與感、或說心流的狀態在遊戲中比在大部分電影中更強烈。看電影時，你坐在遠處觀看情節的發

展；在電玩遊戲中，你是一個積極的參與者，是故事的一部分，它直接發生在你身上。正如柯林肯伯格（Verlyn Klinkenborg）所說：「電玩遊戲的主要心理基礎就是玩遊戲時產生穿過一扇門進入另一個世界的本能感覺。」

　　電玩遊戲的互動和控制部分並不一定比形式更為嚴謹、固定的書籍、戲劇和電影要來得優越，而是我們可以有不同類型的體驗，兩種都值得追求。固定的形式讓說故事的能手可以控制事件，透過仔細的安排循序引導你經歷這些事件，謹慎地操縱你的思想和情感，直到故事走向高潮，問題得到解決為止。你非常自動地讓自己投入這個經歷，既為了享受快樂也為了學到可能與人生、社會和人性有關的一課。而在電玩遊戲中，你是一個積極的參與者，因此你的遊戲體驗可能在不同時間裡會有所不同——在某段時間裡感到乏味、厭倦、失落，在另一段時間裡又感到興奮、爽快、頗有收穫。學到的東西取決於事件發生的準確順序和你是否成功通關。很顯然地，書籍和電影在社會上佔據了一個永久的地位，遊戲、影片或其他的東西也是一樣。

　　書籍、戲劇、電影和電玩遊戲一樣都會佔據一段固定的時間：有一個開始，然後有一個結尾。不過生活可不是這樣的，當然，出生意味著開始，死亡意味著結束。但是從每天的角度來看，生活是一直在進行的，甚至當你睡覺或旅行時它都在繼續，生活無法逃避。當你離家之後重返故鄉時，會發現在你離開後已經發生了變化（

特別是當你離開的那段時間無法透過簡訊、電子郵件或電話保持聯繫時）。電玩遊戲變得越來越像人生。

電玩遊戲過去常常僅涉及單一個人，這種類型可以一直存留下去，但是現在電玩遊戲正漸漸涵蓋了群體，有時群體甚至分散於世界各地，同時透過網路進行溝通。有些遊戲是即時的線上活動，如運動、遊戲、聊天、娛樂、音樂和藝術。不過，有些遊戲是環境式的，有著人、家庭、家屬和社群的模擬世界。在所有這些遊戲進行時，生活都在持續進行，甚至當你這位玩家不在場的時候。

有些遊戲已經試圖向它們的人類玩家伸出求助之手。如果你這位玩家，在「上帝」遊戲中建立了一個家庭，同時在一段時間裡培養你創造的人物，可能耗時幾個月甚至幾年。那麼當你在睡覺、工作、上學或休閒時，你創造的家庭成員若需要你的幫助時，會怎麼樣呢？如果這種危機非常嚴重，這個電玩遊戲中的家庭成員可能會和真實的家庭成員一樣，透過電話、傳真、電子郵件或任何行得通的管道聯絡你。有一天甚至可能會與你的朋友聯絡以尋求幫助。因此，如果一位同事在某個重要的商業會議上打斷了你，說你遊戲中的人物遇到了麻煩，急需你的幫助，千萬不要感到驚訝。

沒錯，電玩遊戲是娛樂活動中令人興奮的一個新發展，不過，它們可能演變成不再僅僅是娛樂活動而已，虛擬的世界可能不再與現實生活有明顯的差別。

5
人、地、物
People, Places, and Things

圖 5.1 哎喲！哎呀，可憐的椅子。它的球掉了，不想讓任何人知道！看，它偷偷地伸出腳，希望在人們注意到之前把它拿回來。（Renwick Gallary，圖片提供：Jake Cress）

「哎呀，可憐的椅子的球掉了，而且不想讓任何人知道。」圖5.1 中的椅子對我而言，最有趣的是看到這張「可憐的椅子」時，我的反應完全是感性面的。當然，我不認為椅子有生命或有腦袋，更不用說感情和信念了。然而，它顯然是伸出了腳，並希望沒有人注意到。這到底是怎麼一回事？

這是我們傾向於在任何事物——有生命的或無生命的——上面讀出情感反應的一個例子。我們是群居動物，在生理上已做好了與其他人互動的準備，而互動的本質仰賴我們理解另一個人心情的能力。臉部表情和肢體語言是自發性的，是我們情感狀態的間接顯示結果，在某種程度上是因為情感與行為緊密聯繫在一起。情感系統一旦啟動我們的肌肉準備活動，其他人就可以察覺到我們有多緊張或多放鬆、我們臉部如何變化，還有我們的四肢如何移動——簡單地說，觀察我們的肢體語言，從而解釋我們內部的心理狀態。經過幾百萬年的進化，理解別人情感的能力已變為我們生物遺傳基因的一部分，結果，我們很容易感知別人的情感變化，感知任何具有模糊生命特質的東西。因此，我們對圖 5.1 的反應是：這張椅子的姿勢讓人不得不注意。

我們已經演化到甚至可以解釋最微妙的指示，與人打交道時，這個能力就有極大的價值，甚至與動物打交道時，這個能力也很有用。因此，我們經常會解釋動物的情感狀態——牠們也可以解釋我們的情感狀態。這種雙向理解是可能的，因為我們的臉部表情、手

勢和體態具有共同的起源，我們對無生命物體的人性化解釋可能看
起來比較奇怪，不過這種本能衝動仍然出自一種相同的來源——我
們自發性的解釋機制。我們會解釋經歷過的每件事，其中有許多是
用人性化用語。這被稱為擬人化，就是指把人們的動機、信仰和感
情這些特質賦予到動物和無生命的物體上，如電腦、工具和汽車。
我們把球拍、球和手工具當成有生命的：當它們幫了我們的忙時，
我們在口頭上讚賞它們；當它們不能如我們期望完成任務時，我們
責備它們。

　　瑞佛斯（Byron Reeves）和納斯（Clifford Nass）的許多實驗證
明——就像他們書上的副標題寫的那樣——「人們對待電腦、電視
和新媒體多麼像對待真實的人物和場所」。佛格（B. J. Fogg）在他
《說服性科技》（*Persuasive Technology*）一書的章節裡，說明人們
怎樣「把電腦當成社會成員」。佛格提出了人們推測與他們進行互
動的人或物的五種主要社會線索：

- **實體的**（Physical）：臉孔、眼睛、身體、動作
- **心理的**（Psychological）：偏好、幽默、人格、感情、同
  理心、「對不起」
- **語言**（Language）：互動式語言的使用、口語、語言辨識
- **社會動力**（Social Dynamic）：輪流、合作、表揚優秀的工
  作、回答問題、互惠

・**社會角色**（Social Roles）：醫生、隊友、對手、教師、寵物、嚮導

　　對於圖 5.1 中的椅子，我們屈從於實體這一面；至於電腦，我們常常是傾注於社會動力這一面（或者更常見的情形是，不合宜的社會動力）。基本上，如果某個東西和我們產生了互動，我們就會解釋這項互動；通過身體活動、語言、時機轉換和一般的回應，它對我們的反應越多，我們就越有可能把它當成社會成員。上面所列適用於一切的東西，無論是人類還是動物、生物還是無生物。

　　我們必須知道，就像我們在論斷椅子的心理意圖時並沒有任何真實依據一樣，我們對於動物或其他人也是這種情形。我們並沒有比接近動物或椅子的心靈更為接近另一個人。我們對其他人的判斷都只是個人的解釋，並以觀察和推論為基礎，這跟我們對那張可憐的椅子產生憐憫的心理過程沒有多大差別。事實上，我們沒有那麼多關於我們自己心理運作的資訊，除了反思層次是有意識的之外，我們大多數的動機、信念和感情在本能與行為層次上潛意識地運作；反思層次盡力使潛意識活動和行為有意義。不過事實上，我們大多數的行為仍是潛意識的、不可知的。因此，在遇到心理障礙的時候我們需要其他人的幫助，需要精神科醫生、心理師和精神分析師。於是，就有了佛洛依德（Sigmund Freud）對本我、自我和超我這一劃時代的描述。

　　我們就是靠著這樣的解釋方式，同時經過數千年甚至數百萬年的演化後，表達我們情緒的肌肉系統和解釋他人情緒的感覺系統都同時進化了。而這種解釋還包括了情緒判斷和同理心。我們解釋情緒，同時表達情緒。因此，我們據以認定被解釋的對象是悲傷或高興、生氣或平靜、卑怯或窘迫。接著，我們自己僅因自己對他人的解釋而變得情緒化。我們不能控制這些初始的解釋，因為它們是建立在本能層次同時自動發生的。我們可以透過反思的分析控制最後的情緒，但是那些最初的印象是潛意識且自發性的。不過更重要的是，正是這樣的行為潤滑了社會互動的齒輪並使它運作下去。

　　設計師必須注意：人類總是傾向於把東西擬人化，並把人類的情緒和信念投射到任何東西上。一方面，擬人化的回應方式可以為產品使用者帶來極大的快樂和喜悅。如果每件事都順利運作，滿足了期待，那麼情感系統就會做出正面的反應，讓使用者感到非常快樂。同樣地，如果設計本身既優雅又美麗，或著既好玩又有趣，那麼情感系統也會做出正面的反應。在這兩種情形下，我們都把我們的愉悅歸因於產品，因此我們會讚美它，在極端的情況下我們甚至會在情感上強烈依賴它。但是當行為遭遇挫折時，當系統操作出現反抗、不肯正確地行事時，就會帶來負面的情感，生氣甚至憤怒，這時我們就會怪罪產品。設計出讓人和產品之間產生愉悅且有效互動的原理，與使得人與人之間保持愉悅且有效互動的原理是完全相同的。

怪罪於沒有生命的東西

> 剛開始只是微微的不悅，然後是怒髮衝冠且手腳冒汗，不久
> 你用力敲打你的電腦並且對著螢幕大叫，最後可能要揍鄰座
> 的傢伙才能罷休。
> **──刊登於報紙的文章〈對電腦發火〉**

我們當中有許多人都有上面那段描寫對電腦發火的經驗。電腦確實可以讓人發火，但為什麼呢？我們為什麼會對沒有生命的東西如此氣憤呢？電腦──或者任何類似的機器──並沒有意圖要讓你生氣；機器根本沒有意圖可言，至少目前還沒有。我們生氣是因為那就是我們心智運作的方式。對我們而言，我們每件事都做對了，因此如果出現不正確的行徑，那就是電腦的錯了。找電腦麻煩的這個「我們」來自心智的反思層次，即觀察和進行判斷的層次。負面的判斷引起負面的情緒，負面的情緒接著又強化了判斷。這種做出判斷──也就是認知──的系統，與情感系統緊密相連：系統彼此間互相增強，問題持續越久，就會變得越糟糕。輕微的不高興轉變成為強烈的不滿，這種不滿又轉變為生氣，然後生氣轉變為憤怒。

請注意，當我們對電腦生氣時，我們實際上是在推卸過失。怪罪和它的對立面──嘉許──都是社會性的判斷，用來歸屬責任的。這需要更複雜的情感評價，比一個人從設計優良或設計拙劣的產

品那裡得到的愉悅或不滿要複雜得多。只有當我們把機器看做它好像是造成某種結果的緣由，好像它其實能夠做選擇，換句話說就是把機器擬人化，怪罪或嘉許才有可能發生。

這是怎麼一回事呢？我們既不能從本能層次，也不能從行為層次找到原因。理解、解釋、找出理由和確認緣由是反思層次的作用，我們大多數豐富深刻的情緒是在我們對已經發生的事找到原因時產生的，這些情緒源自反思。例如期待和焦慮是兩種簡單的情緒，期待來自對正面結果的預期，焦慮來自對負面結果的預期。如果你在焦慮，但是預期的負面結果並沒有發生，那麼你會感到放鬆；如果你在期待某種正面的結果，你滿懷希望，卻沒有發生，那麼你就會感到失落。

到目前為止這些都還相當簡單，但是假設是由你──或更精確地說，由你的反思層次──來決定是誰的過錯呢？那麼我們就需要涉及複雜的情緒了。這究竟是誰的錯？當事情的結果是負面的，而如果你責備自己，你會感到懊悔、內疚和羞愧；如果你責備他人，那麼你會感到生氣和失望。

當結果是正面而且都是你的功勞，你會感到自豪和滿足；當功勞是其他人的時，你會感到感激和欽佩。請注意情緒如何反應了與他人的互動，情緒和情感組成了一個複雜的系統，包括三種層次，而其中最複雜的情感依賴於反思層次如何歸因，因此，反思是各種情緒認知基礎的核心。重要的是，這些情緒既適用於人也適用於物

，為什麼不行呢？為什麼要區分生物和無生物呢？你根據以前的經驗建立行為的預期，如果與你互動的產品沒有達到這個預期，就違背了你的信任，你會怪罪於它，沒多久你還會生它的氣。

合作有賴於信任。一個團隊要想有效的工作，每個人都需要仰賴團隊的其他成員能夠按照預期行事。建立起信任是很複雜的，不過這過程主要就是內隱的和外顯的承諾，然後傳遞出明確的意圖及更進一步的證據。當某人沒有如預期中那樣做時，是否破壞信任取決於當時情況和歸咎於什麼。

我們會這麼信任一些只是簡單機械的東西，就僅僅是因為它們的行為簡單到我們所期望的往往能確實實現。沒錯，支架或者刀片這樣的部分可能會意外斷裂，不過這是簡單的東西可能出現最嚴重的過錯了；而有著複雜機械裝置的東西卻可能在更多方面出現錯誤，面對像是汽車、設備器材或其他很複雜的機器出現錯誤時，許多人會變得更愛惜——或者痛恨——這些東西。

談到缺乏信任，最惹人生氣的莫過於今日的這些電子設備產品，特別是電腦（儘管手機也正快速地佔有一席之地）。此處的問題在於你無法預期會出現什麼。雖然那些製造商承諾了各種各樣令人驚奇的效能，但事實上該種技術和它運作的狀況是看不見的，神祕地藏在我們眼睛看不到的地方，而且常常是全然反覆多變、詭異神祕的，有時甚至是自相矛盾的。由於我們一般人缺乏對機器運作過程或操作內容的理解，會覺得無法控制，且常感到失落，最後信任

就變成了憤怒。

我認為我們會變得對現代科技發脾氣是有道理的，它可能是情感和情緒系統的自發性運作的結果，可能是不理智的，但這又有什麼關係呢？這是恰當的反應。這是電腦的錯誤，還是電腦內部的應用軟體的錯誤？這真的是軟體的錯，還是那些沒有用心理解我們真正需求的程式設計師的錯？身為這項技術的使用者，我們並不關心這些。我們關心的是我們的生活被弄得令人更加挫折。這是「他們的錯」，這裡「他們」指的是涉及電腦開發的每個人和每件事物。畢竟，這些電腦系統沒有為了累積信任而做好這項工作，他們遺失了檔案、當機，且常常根本沒有什麼理由。更甚者，他們毫不羞愧和自責，既不道歉也不說對不起，「他們」究竟是誰？這為什麼是有關係的？因為我們被激怒了，而且這種憤怒是合理的。

信任和設計

對於我的 10 吋德國魚叉牌（Wusthof）料理刀，我可以嘮嘮叨叨地談它的手感和美感，但是經過進一步反思，我認為我情感的依戀基礎主要是從體驗而來的信任。

我知道我的刀可以勝任我用它做的任何工作，它不會從我的手中滑下，無論我用多大的力氣，刀刃都不會折斷或損

壞。它非常地鋒利足以切斷骨頭，不會弄壞我打算招待客人
的肉。我並不喜歡在別人的廚房裡做飯和使用他們的餐具，
即使是質感很好的東西。

對我來說它是個耐久財，代表我一生只需要購買一到兩
次的料理刀。我購買它時覺得它還算不錯，不過我對它的情
感依戀是隨著時間，經過成千上百次持續不斷的正面體驗而
逐漸形成的。這個東西變成我的朋友。

以上回覆是我收到人們學會喜愛或厭惡產品的許多例子中的一
個，它生動地揭示了信任的重要、信任的力量和信任的屬性。信任
具有幾個特質：信賴、信心和正直，信任意味著一個人可以依賴一
個值得信任的系統去準確完成預期的任務。信任意味正直還有對人
來說是名譽；在人造設備中，信任意味著反覆多次且可靠地完成任
務。不過還不止於此，特別是對於那些我們所信任的系統，我們總
是持有高度的期望：我們期望它們「準確地完成預期的任務」，當
然，這意味著我們已經建立了特定的期望。這些期望有多重來源：
首先是促使我們購買產品的商業廣告和他人的推薦；其次是我們得
到它之後操作時的可靠性；還有一點，或許也是最重要的一點，是
我們對該產品所建立的概念模型。

你對產品或者服務的概念模型──和你獲得的回饋──對於建
立和維持信任是極為重要的。正如我在第 3 章討論到的，概念模

型是關於你對產品是什麼和它如何運作的理解。如果你有一個良好且準確的概念模型，特別是如果產品一直讓你知道它在做什麼——它進行到了哪個操作階段、事情是不是順利的進行著——它的結果就不會讓你感到驚訝。

假設你的車子汽油用完了，這時會發生什麼事？又是誰的錯？答案視情況而定。大多數人對汽車的概念模型包含了告訴你油箱裡還有百分之多少汽油的油表。許多人也希望會有警示出現，例如當油箱快要沒油時會產生閃爍的燈號。有些人甚至因為假設油表會採用保守標示，呈現出油箱剩下的汽油要比實際上更少一些，而自行調整誤差。

假如油表顯示油箱快要空了，警示燈已經閃爍，但是你遲遲不想花時間去加油，如果因此汽油用完了，你會責怪自己。你不僅不會被車弄得心煩意亂，而且你現在甚至會比以前更加信任車子。畢竟，它告訴你汽油快用完了，而且你確實把油用完了；如果警示燈從來沒有顯示，又會怎麼樣呢？在這種情況下你會責怪你的車；如果油表來回波動、不斷變化，又怎麼樣呢？那你會不知道如何解釋它：你會不信任它。

你信任你車子裡的油表嗎？大部分的人在一開始時很謹慎，當他們在駕駛一輛新車時必須進行一些測試，以確認可以信任油表到什麼程度。典型的方法是先駕駛汽車使油表的讀數越來越低，到一定程度後再加油，當然，真正的測試是故意用完汽油，以察看油表

讀數如何與實際情況相對應。不過,大部分的人不需要這麼多的保
證。不論是油表讀數還是一些車裡的最低燃料警示燈,人們都是開
了一定的里程後,才確定要多信任車上的指示器。對於那些裝有行
車電腦的汽車來說,電腦可以利用剩餘的汽油預測還可以開多遠。
具有足夠的經驗後,人們學會如何解釋讀數,從而確定可以信任油
表到什麼程度,信任必須由經驗獲得。

活在一個不值得信任的世界

> 信任我們的同伴是人類的本性,特別是當提出的要求證明是
> 合理的時候。社交工程師(social engineers)利用這個知識
> 剝削他們的受害者以達到他們的目標。
> ——**米尼克和賽門**(K. D. Mitnick & W. L. Simon),
> 《**駭客大騙局**》(*The Art of Deception*)

在講求合作的人類互動中,信任是一項不可或缺的要素。唉!
但這也使它變得很脆弱,很容易被所謂的「社交工程」(social
engineering)所利用,騙子、小偷和恐怖分子利用並操縱我們的信
任和善良本性來獲取利益。隨著越來越多的日常物品裡面裝有電腦
晶片,有了智慧和彈性,而能與我們周遭其他設備與網路的訊息和

服務進行溝通，因之有必要提防那些可能會造成危害的人——無論是偶然的，為了惡作劇、開玩笑，還是惡意的欺騙和傷害。騙子、小偷、罪犯和恐怖分子在利用人們提供彼此援助的意願這方面是專家，他們知道如何操縱複雜的技術，以及人們在何時會看起來需要即刻的幫助。

改良安全防護設備的常用方法是使安全程序更嚴格，並要求重複的檢查。但是，當更多的人參與同一項檢查時，安全性又降低了，這被稱做「旁觀者的冷漠」（bystander apathy），這一用語來自1964 年紐約市街頭珍諾維絲（Kitty Genovese）謀殺案的研究。儘管許多人目擊了這一事件，但是沒有一個人伸出援手，起初，這種冷漠行為只是被拿來譴責紐約市居民的無情，但是，社會心理學家拉丹（Bibb Latané）和達利（John Darley）透過實驗室研究和田野調查重現了這種旁觀者的行為。他們得出結論：觀察的人越多，幫助的人越少。為什麼呢？

思考一下你自己的反應。如果你獨自走在大城市的街道上，遇到一個看起來像犯罪的事件，你可能會感到害怕，因此不敢介入，但你可能仍然會設法尋求援助。但若是一群人在觀看這一事件，那你會怎麼做呢？你可能會假設自己沒有目擊到任何重要的事，因為如果你看到了，群眾中也會有人目擊這件事，而沒有人目擊這件事就一定意味著沒有什麼壞事發生。畢竟，在一個大城市中，什麼事都可能發生：這搞不好是在拍電影。

在安全檢查中也存在旁觀者冷漠的效應。假如你是電力公司的技術人員，你的其中一項任務是要與你的另一名技術員同事一同測量儀表讀數，同時這個人是你所認識和信任的。此外，當你完成後，你的主管還會再檢查一遍，其結果就是你不會對這個任務特別用心。畢竟，一個錯誤怎麼能夠逃過這麼多人的眼睛呢？問題就在於每個人都會這樣覺得，結果檢查的人越多，每個人就工作得越不仔細。當有更多的人負責時，安全性可能會降低：信任妨礙了作為。

民航界便用「團隊資源管理」（Crew Resource Management）方案來制止這樣的傾向，而且成效卓著。所有現代化的民航機都有兩位駕駛員：級別較高的是機長，坐在左手邊；另一個是副機長，坐在右手邊。然而兩人都是合格的駕駛員，同時對他們來說，輪流駕駛飛機是很常見的。也因此，他們用「操控駕駛員」和「非操控駕駛員」的用語來指稱對方。團隊資源管理的一個主要部分是：非操控駕駛員要當個積極稱職的批評者，不斷地檢查和質疑正在駕駛的飛行員所進行的操作。操控駕駛員應該感謝另一個駕駛員所提出的問題，即使這個問題是不必要或甚至是錯誤的。很顯然地，要做到這樣的程序很困難，因為它涉及了某種文化上的重大改變，特別是當其中一個駕駛員資歷較淺時。畢竟，當一個人質疑另一個人的行為時，隱含了缺乏信任的意思；當兩個人應該合作共事時，特別是其中一人較另一人資深時，信任就變得很重要。航空界也是歷經一段時間才學會把質疑當成一種尊重的表徵，而不是缺乏信任，同

時資深的駕駛員也能堅持要求資淺的駕駛員全程質疑他們所有的操作。其結果是飛航的安全係數因而提高。

罪犯和恐怖分子會利用錯亂的信任。有一個策略可以用來闖入警戒森嚴的地方：在幾天內反覆多次驚動警報器然後躲起來，讓安全人員找不到警報器啟動的原因。最後，反覆的錯誤警報使人們感到挫折，安全人員不再信任它們，罪犯於是可以趁虛而入。

並非所有人都不值得信任，事實上只有極少數人——不過這些極少數人具有非常強大的破壞力，以致我們幾乎別無選擇，只有放棄信任而懷疑所有人、所有東西。在此產生了極端的權衡：使安全系統更縝密的最佳事物經常是那些使我們生活變得更困難的事物，甚至在某些情況下根本令人無法生活。我們需要更切合實際的安全，而這種安全是出自對人類行為的瞭解。

安全問題不僅僅是技術問題，更是社會問題或人類的問題。你當然可以應用所有你想要的技術，但是那些想要偷竊、賄賂和破壞的人還是會找到利用人性的方法，逃過安全系統。的確，過多的技術反而會妨礙安全，因為要認真完成這一任務，保全人員每天的任務將變得更加困難，甚至更容易迴避掉安全系統的檢查。當安全系統的密碼或安檢程序變得太過複雜，使得人們記不住時，他們會因此把這些東西寫下來貼在他們的電腦螢幕上，在鍵盤上、電話筒上或辦公桌的抽屜裡（而且是在抽屜前端，他們容易看到的地方）。

在我寫作本書時，正好擔任美國國家研究委員會的委員，負責

圖 5.2 如何不保護密碼。圖 a 展示的是貼在電腦螢幕邊上的一張紙條，圖 b 是這張紙條的放大圖。這是那些社交工程師所仰賴的行為。不過這其實是差勁的密碼確認規則使我們不得不求助於寫字條。其實即使密碼不貼在電腦上，一個熟練的社交工程師也能夠猜到它：這部電腦放在一個大型辦公設備生產公司的總部裡。"CHAIR"（椅子）？誰還需要用猜的呢？（攝影：作者）

研究資訊技術和反恐怖主義。在我的報告中，討論了恐怖分子、罪犯和其他動亂分子使用的社交工程的實際做法。事實上，找到這些資訊並不困難，其中許多基本原則已經存在了幾個世紀，出獄的罪犯、執法人員以及犯罪小說寫作指南等眾多書中都提供了相關的資訊，網路也使這一研究更加容易。

想闖入一個有安全保護的機構嗎？抱著一大堆廢棄的電腦、零件和晃來晃去的電線走到門口，請人打開門並道謝。把這些廢物帶到一個無人的小隔間內，尋找會被貼在某處的密碼和用戶名稱，然後登入系統（見圖 5.2）。如果你不能登入系統就請人幫忙，你只要開口問，正如我在網路上看到的一本手冊所寫的：只要大喊：「有人知道這台電腦的密碼嗎？」你會驚訝有那麼多人回答你。

安全畢竟還是個系統問題，人是其中最重要的因素。當安全程序妨礙了善良盡職的員工時，他們會找到應對方式以避免受干擾，由此導致這個程序的目的無法達成。而我們那些主動積極、樂於合作和具有創造力的工作特質，不但使我們能夠適應突發事件並幫助別人，也使我們容易受到那些利用我們的人的侵犯。

情感交流

到處都有就是到處都沒有。當一個人用他所有時間在國外旅

遊，結果是他認識許多人，但不會有朋友。

——塞內加（Lucius Annaeus Seneca，西元前 5 年至西元 65 年）

在我的顧問工作中，經常被要求預測下一個「殺手級應用」（killer application），找出下一個將會大受歡迎、每個人都想擁有的產品。不幸的是，如果說我學到了什麼，那就是這種精確的預測是不可能的。這個領域充滿著那些嘗試者的身影。而且，正確地做出預測是可能的，不過卻也可能要耗時良久。我預測汽車會自動駕駛，什麼時候？我不知道，可能是二十年，也可能是一百年。我預測影像電話會變得非常普及，會無所不在，我們也認為是理所當然的，而事實上，如果不見任何影像電話，人們還會抱怨。但什麼時候呢？在過去五十年裡，已經有人預測就在「短短幾年內」影像電話會被廣泛接受，然而即使成功的產品也可能要經過幾十年的時間才能流行起來。

不過，儘管對成功的產品進行精確的預測是不可能的，但是我們能夠肯定有一類產品幾乎保證一定成功：社會互動。在最近一百年裡，隨著科技的改變，溝通的重要性在必需品的名單中一直保持領先。以個人的溝通來說，就是指郵件、電話、電子郵件、手機、簡訊、電腦和手機上的留言；以組織機構的溝通來說，可以加上電報、企業備忘錄和內部通信、傳真機、區域網路——企業內部溝通

互動的特定網路；對社群來說，可以加上城市裡的小販、日報、廣播以及電視。

到了近幾年，隨著旅行的難度不斷降低及花費的減少，卻也出現了令人遺憾的副作用：它削弱了將人們結合在一起的那種聯繫。是的，透過信件和電話，人們仍然能夠在某種程度上保持聯繫，但是這種聯繫是有限的。兩千年前的羅馬哲學家塞內加抱怨說，旅行可以認識很多人，但也造成了幾乎沒有朋友，直到最近這個抱怨依然管用。距離在過去是重要的，離開家人和朋友，聯繫就減少了。當然，一個人可以使用郵件和電話，但是在每天忙碌的活動中這些交流是不夠的，在實體上分處各地的人經常在社會上和情感上也分開了。

但現在不再是這樣了：我們可以與朋友和親人頻繁地聯繫──無論我們到哪兒，無論什麼時間。現在的科技使我們與朋友和家人保持不間斷的聯繫成為可能，電子郵件、即時通訊、簡訊和語音郵件沒有時間或地點的限制。透過汽車、火車或飛機，旅行也相對容易許多。郵件系統可靠地貫穿全球；電話很普及；我們隨時帶著手機，一直開機；電子郵件無所不在。每天全世界的手機傳遞著幾十億條的簡訊。以前因為距離和分開所造成的孤獨生活已經不再存在。今天我們可以很容易地以從未夢想過的次數保持相互的聯繫，而且，通訊革命才剛剛開始：如果它在 21 世紀初就這樣普及，那麼在一百年後將會變成什麼樣子？

　　大多數的簡訊似乎都沒什麼內容，十幾歲的青少年往往這麼說：What are you doing?（你在做什麼？）──或者簡寫成他們經常使用的形式 watrudoin；Where are you?（你在哪？）成了 wru；See you later（再見）成了 cul8r。上班族上班時的用語則略有不同：「無聊的會議」、「你在做什麼？」、「下班後要不要一起喝一杯？」。當然，這些簡訊有時也會有真正的內容，例如在商業談判、會議安排或合約細節處理時。但總體來說，留言的內容經常不是為了分享訊息，而是聯絡感情，這是彼此間的交談方式，「我在這裡」、「你在哪裡」、「我們仍然彼此喜歡」，為了舒服及安心，人們需要不斷地交流。

　　簡訊的真正優點在於你做其他事的時候也可以使用它。只要你閒下來，就可以偷瞄螢幕一眼，然後收發訊息：上課、開會或甚至在與人談話時，看起來似乎都沒有限制。把手機放在上衣口袋裡，然後當無聊或當胸前歡欣的震動表示來了一條新的簡訊時，拿出來瞥上一眼。閱讀最新的內容，用拇指在小小的按鍵上打下回覆訊息。這些都是暗中進行的，因為這可能發生在一個會議上，而當時你應該注意聽講。

　　使用簡訊如此不費力氣，已變成了許多人情感生活的一個重要組成元素。許多回覆我網頁上有關通訊感受問題的人，還用這一機會告訴我他們對簡訊的依戀。以下是兩則回覆：

即時通訊是我生活中不可或缺的部分。有了它，我與世界各地的朋友和同事有了連接起來的感覺；沒有了它，我覺得彷彿通往我的世界的一部分窗口被關閉起來了。

另一個有關即時通訊的例子：在工作中即時通訊對我非常重要，我不能想像沒有了它我的生活會變得怎樣。即時通訊的真正力量不是訊息（儘管這是一個關鍵特色），而是它讓人有存在的感覺。知道某人「在那裡」。請想像一下，每次當你拿起電話撥某人的號碼時，你知道將有一個真實的人會回答，這個人正是你想找的那個人，這就是即時通訊的力量。

手機享有許多跟簡訊一樣的情感力量，它不只是個簡單的通訊設備。喔，當然，以商業考量來說，它是保持聯繫的一種方法，在必要時將重要資訊傳送給人們，但是還遺漏了這些設備的整體意義：它基本上是一個情感工具和社交幫手。人們藉以彼此保持聯繫，同時藉以與朋友聊天：儘管它在形式上的反思內容是含糊的，但卻具備了高度的情感內容。然而儘管它讓我們分享想法、觀念、音樂和圖片，但是它真正讓我們分享的其實是情感。全天候都保持聯繫的能力維繫了彼此的關係，無論是商業或社會的關係。

言語是強大的社交和情感手段，因為它能夠使情感狀態透過自然的韻律進行交流——停頓、節奏、音調變化、躊躇和重複。儘管

在情感交流時，簡訊不如言語那樣有效，但它還算是優良的溝通工具，因為它一點也不唐突。它可以保持隱私，可以在背地裡完成，我對於在商業會議上背地裡嫻熟地使用簡訊一直覺得很有趣，我觀察其他嚴肅的、沉默的經理偷偷向下探視他們胸前，以閱讀螢幕並進行回覆，同時始終都裝作在聆聽會議。簡訊使朋友保持聯繫，儘管他們應該注意其他事情。

雖然電話服務是個情感工具，但是話機本身卻不是，這不是有點奇怪嗎？人們喜愛用手機互動的力量，卻似乎並不熱愛使這項互動成為可能的任一設備。其結果是雖然手機的汰換更新頻率很高，但是並沒有對產品的忠誠，也沒有對公司或服務提供者的承諾。手機這個提供情感服務最基本的工具之一，並沒有得到對於該產品的忠誠。

文區（Vernor Vinge）是我最喜歡的一位科幻小說作家，寫過一本《深火》（*A Fire Upon the Deep*），在這本書中泰納斯星球（Tines）居住著具有群體智慧的生物。這些長得像狗的生物成群地旅行，成員間不斷用聲音互相溝通，形成強大的分布意識。個體會由於死亡、疾病或意外事故而離開群體，新的年輕成員則補充進來代替，使得對群體的認同遠超過任何單獨的個體。當群體中的成員孤立存在時，每個單獨的個體成員就不具有智慧：群體透過許多個體的合作才獲得智慧。因之如果個體離開群體太遠，溝通途徑就喪失了——因為聲音傳播的範圍有限——從而使單獨存在的那個個體

缺乏智慧。單獨的個體幾乎不能生存，而即使倖存下來了，也註定是個沒有心智的存在體。

走在世界上任何國家的任何大城市的街道上，觀察正在對著他們手機說話的人：他們處在自己的空間裡，在實體上他們與某個地點或者某群人很接近，但是在情感上他們卻到了其他地方。他們好像害怕在擁擠的陌生人潮中變成孤獨的個體，從而選擇了與他們自己的社群保持聯繫，即使這個社群在另外的地方。手機建立了自己的私密空間，遠離繁雜的城市，如果兩個人一起沿著街道走，他們不會這麼孤獨，因為他們會互相意識到對方，意識到對話和街道。但用手機時，你進入了私人的空間，它不是真實而是虛擬的，它離開了周圍環境——可以更好地與其他人聯繫和交談的環境。因此，儘管沿著街道行走，你居然迷失了。的確，這是一個在公共空間裡的私人空間。

隨時在聯繫，隨時受打擾

我在許多最令人訝異的地方觀察過電話鈴響和接聽：在電影院裡、在董事會議中。我曾在梵蒂岡出席一場會議，在那裡我以一位科學代表的身分向教皇展示我們的研究成果。到處都是手機：每位紅衣主教配戴了一串黃金項鍊，在上面掛著黃金的十字架；每位主

教有一串黃金項鍊，在上面掛著銀色的十字架。但是前方看起來像是真正負責主控的那位引導員，帶著一串黃金項鍊，上面掛著的則是一支手機。教皇本應該是受注目的中心，但是我在儀式中不斷地聽到手機的鈴聲。「噓！」他們會低聲地對著手機說：「我現在不能說話，我正在聆聽教皇的演說。」

在另一個場合，我曾是某個專家委員會小組的成員，面前有很多聽眾，正當主持人回答我們小組一名成員的問題時他的手機響了。是的，當時他接聽了電話，這妨礙到專家小組成員，也讓聽眾感到很訝異。

為通訊技術歡呼！通訊技術使我們無論在什麼地方，無論在做什麼，都可以與我們的同事、朋友和家人保持聯絡。不過，無論簡訊和語音留言、電話和電子郵件做為聯絡關係或監督工作的工具有多麼強大，請注意，一個人的「保持聯繫」同時是對另一個人的干擾。情感效果反映了這一矛盾：對保持聯繫的人是正面的效果，對受到干擾的人卻有負面和干擾的效果。

人們對於一項干擾感知到的影響是各不相同的，當我與朋友共進午餐時，他們花了我們相當長的時間接聽他們的手機，我把這看做是令人不悅的分心和干擾。從他們的角度來看，他們仍然和我在一起，而且這些電話對他們的生活和情感很重要，對他們來說根本就不是干擾。對接電話的人來說，時間是充實度過的，而且得知了

訊息。對我來說，這段時間是空虛度過的，午餐的交談現在被打斷了，我不得不等候干擾的結束。

這個干擾可能會持續多長時間？對被打擾的人來說，是很漫長的；對接電話的人來說，只是一會兒。知覺決定一切，當一個人比較忙碌時，時間過得很快；當一個人無事可做時，時間拖得很長。結果，用手機交談的人得到情感上的滿足，而其他人則感到被冷落、受到隔離、產生不舒服的情緒。

人類有意識的注意力是大腦反思層次的一部分，它的能力有限。一方面，它限制了意識，使它主要集中在某項單一任務上；另一方面，環境的變化很容易干擾注意力。這種很自然就分心的結果是只有短暫的注意力：新的事件不斷地佔據注意力。今天，人們普遍認為只有短暫的注意力是受到廣告、電玩遊戲、音樂錄影帶等影響而造成的，不過事實上注意力容易分散是生理上的必然現象，是做為防禦意外危險的一種保護機制，並經歷數百萬年的演化發展而成：這是本能層次的主要功能。這可能是為什麼感知到危險後引起的負面情感和焦慮會使得注意力更加集中、窄化。處於危險時，注意力萬萬不可分散。但在缺乏焦慮時，人們很容易分散注意力，不斷轉移注意力。著名的哲學家與心理學家詹姆斯（William James）曾經說過，他的注意力長度大約是十秒鐘，這是在 19 世紀晚期，遠在如今許多干擾出現之前。

我們開拓自己需要的私人空間。在家裡，待在自己的書房或是

臥室裡，必要時門還會上鎖。在辦公室時，就待在一個私人的房間裡，或設法在小隔間中爭取到隱私。在圖書館裡有不許說話的規定，或者用個人閱覽室以享受少有的特權。在街道上，人們聚在一起形成聊天的小群體，如果只是暫時的，甚至會沒注意到周遭的人。

不過，現代通訊真正的問題來自人們注意力的侷限。

對於有意識的注意力的限制是嚴苛的，當你接了一通電話，你是在進行一種非常特殊的活動，因為你是處在兩個不同的空間裡，一個是你身體所在的地方，另一個是心智空間──你心智裡的私人位置，在那裡你與交談的另一方進行互動。心智對空間的分割是一種很特殊的能力，使得電話交談要求一種特殊的精神集中，而不像其他多人共同進行的活動。結果是有時候你會離開了實體的物理空間，儘管你明明在這空間中。分割多重空間是人類的能力作用的重要結果。

開車時你會使用手機嗎？如果會，那麼你正以一種危險的方式分散你有意識的注意力，降低了你計畫和預見的能力。沒錯，你的本能層次和行為層次仍然運作良好，但進行計畫和預見的反思層次則不然。因此你仍然可以駕駛，但主要是透過自動化的潛意識本能和行為機制，而駕駛時受到破壞的是反思層次的監督這部分，它本來具有預見周遭其他駕駛人的活動和環境中任何特殊情形的能力。看起來你仍可以正常開車，使你對不太嫻熟的駕駛以及不能應對意外的情況視而不見。因此開車變得危險，因為心理空間受到了干擾

，危險不是由於你需要一手在耳邊拿著手機，而只能用一手掌握方向盤所引起：有一種免持聽筒設備將揚聲器和麥克風裝在車裡，因此不需要手的操作，這也未能消除對心理空間的干擾。這是一個新的研究領域，但是初期的研究顯示，免持聽筒和手持手機一樣危險，駕駛能力的降低是由交談所引起，而不是由電話工具引起。

駕車時與乘客交談也存在一些相同的干擾，特別是由於我們的社交習性讓我們傾向於要去看著與我們交談的人。安全性相關的研究還在初期階段，但是我預測與身旁的乘客交談不會像與遠處的人交談那樣危險。為遠處的人建立的心理空間使我們更遠離駕車這個行為。畢竟我們雖然演化成能夠在其他活動中與其他人進行互動，但是，這一演化過程未能預見這種距離很遠的互動。

我們不能同時參與兩個熱烈的對話，至少這樣會降低每個對話的品質和速度。當然，我們能夠「同時」參與多個即時通訊和簡訊的對話，「同時」加上引號表示我們並不是在同一個時間內完成這些操作，而是使兩者交替進行。有意識的反思層次的注意力只在閱讀和構思新訊息時有必要，一旦構思完成後自動的行為機制就會指導實際的輸入，而反思層次就可轉到另一個交談中。

由於大多數活動並不需要連續的、完全的意識注意，因而我們能夠一邊從事我們的日常活動，一邊不斷把注意力分散到多個注意點上。注意力分散的價值在於使我們與環境保持聯繫：我們不斷意識到周遭的事物。在街上與朋友邊走邊聊天時，我們仍然有大量的

精力去從事許多活動：注意到街旁剛開幕的新店，瞄一眼報紙的標題，甚至偷聽旁人說的話。只有當我們被迫從事機械性活動——例如開車——需要技術並要求能夠立即反應時，才會發生困難。我們常常都能夠看起來很悠閒地完成這些任務，使我們誤以為這些事情從來都不需要全部的注意力。我們處理干擾和分散注意力的能力在社交活動中是必要的，我們分配時間完成多種活動的能力提高了這些互動，我們意識到周圍的其他人，我們與許多人保持聯繫。持續地轉移注意力通常是一個優點，特別是在社交互動的世界中，然而，在機械的世界中，它卻是個危害。

　　透過一生不斷地與世界各地的朋友交流，我們在冒著犧牲深度互動而增加膚淺互動的危險。沒錯，我們可以與許多人不間斷地建立短暫互動，因而保持著友誼關係。但是我們有越多短暫、簡要、淺薄的互動，並允許我們自己去打斷正在進行的交談和互動，就會越減少我們互動和關係的深度。「連續不斷分散注意力」是史東（Linda Stone）對這一現象的描述，無論我們多麼痛恨它，它都已成為日常生活中最平常的情況。

設計的角色

　　科技常常迫使我們走到沒有科技就無法生活的境地，儘管我們

可能很不喜歡它所造成的影響。或者我們可能喜歡科技為我們提供的東西，但在設法使用它的時候卻因為遇到挫折而感到憎恨。喜愛和憎恨，儘管這是兩種矛盾對立的情緒，但經常會結合在一起，形成一種持續的——儘管是不舒服的——關係。而這些既愛又恨的關係能夠出奇地穩定。

愛恨關係提供了希望。如果能夠消除憎恨，只保留熱愛該有多好啊，設計師就有這方面的力量，不過只在有限的程度內，因為儘管一些憤怒和厭惡是由不當的乏味設計所引起，但大多數是由社會準則和標準決定的，這些準則和標準只能通過社會本身來改變。

許多現代科技實際上是社會互動的技術：它是信任和情感聯繫的技術。但是，社會互動和信任都未被納入科技的設計之中，甚至未被考慮到：它們只是在偶發事件中出現，或者只是在使用中意外的附帶出現。對技術人員來說，科技提供了一種通訊的方式；然而對我們來說，科技提供了一種社會互動的方法。

這些科技還有很多可以提昇的空間。我們已經知道缺乏信任是由缺乏理解引起的，它使我們感到失去控制，不知道將要發生什麼，或為什麼會發生，或我們接下來應該做些什麼。我們知道歹徒、小偷和恐怖分子會利用人們之間正常的信任，但如果文明要繼續存在，這種信任還是不可或缺。

在個人電腦的這個例子中，導致「對電腦發火」的挫折和憤怒的確屬於設計領域。這些是由設計的缺陷所引起的，設計的缺陷使

這些問題惡化。有些設計則與信賴的缺乏和糟糕的程序有關,有些設計與電腦的運作過程和人們實際的需要不相符有關。這些都可以得到解決。今天,通訊似乎永遠與我們同在,無論我們希不希望這樣。無論工作還是學習、在學校還是家裡,我們都能與他人聯繫。而且,在我們越來越容易並迅速地收發聲音和文字、文件和圖片、音樂和影像時,各種媒介之間的區別也隨之消失了。當我在日本的朋友使用他的手機拍攝一張他外孫的相片並寄給在美國的我時,這是電子郵件、攝影還是電話?

　　好消息是新技術使我們總是能夠不受時間或時區的影響而取得聯繫,無論我們在哪兒、無論我們在做什麼,我們都能分享想法和感情。當然,壞消息也正是同樣的這些事情:如果我們的朋友都一直都與我們保持聯繫,我們將會沒有時間去做別的事情,生活中一天 24 小時都會充滿干擾。每個互動各別來說都是愉悅且有價值的,但是整體的影響卻會令人無法承受。

　　然而,問題在於與世界各地朋友簡短、淺薄的交流的便利性干擾了正常社交的往來。在此,唯一的希望改變社會的接受度,這可以從兩方面上進行:一方面,當群體中有些人不斷進入他們自己的私人空間與他人──朋友、老闆、合作夥伴、家人或是他們電玩遊戲中的夥伴(電玩遊戲裡的人物需要緊急幫助)──進行互動時,我們可以把這一干擾看做是生活的一部分,對此習以為常;另一方面是人們學會限制自己的互動方式,讓手機接收文字、影像或聲音

的訊息，等到方便時再回覆。我可以設想出有助實現這一解決辦法的設計，讓話機設備可以與打電話的人進行協調，檢查每個宴會的行程表並預訂談話的時間，整個進行過程都不會打擾到任何個體。

我們需要的是能夠提供豐富的互動但又沒有干擾的技術：我們要能夠重新掌控生活。事實上，無論是為了避免我們對現代科技感到的挫敗、錯亂和憤怒，為了使我們能與其他人進行可靠的交往，還是為了維繫我們與家人、朋友、同事之間的密切關係，「控制」似乎都是其中共通的主題。

並非所有的互動都必須在確切的時間內完成，使得參與者會相互打擾，一直在線上，一直回覆。儲存並轉寄的技術——例如電子郵件和語音郵件——使訊息可以在傳送者方便時再發出，然後收訊者在方便時再接聽或閱讀郵件。我們需要方法混用各種原本各自分立的通訊方式，這樣我們可以視需要選擇郵件、電子郵件、電話、語音留言或簡訊。當人們可以集中精力且不受干擾時，他們也需要能夠暫時不去理會時間，如此一來他們就可以繼續保持專注。

我們多數人已經這樣做了，我們關掉手機，而且有時候故意不帶著，除非我們看見——或聽見——那通來電是我們確實想交談的那個人，否則我們會選擇不回應電話。我們轉而來到私人空間，以便可以好好寫作、思考，或只是為了放鬆。

今天，科技正在努力確保其普及化，這樣無論你在哪裡、做什麼，都可以使用該項技術。只要是否使用的選擇權是在接受端這頭

的人手上，那就是好的。我對社會有很大的信心，我相信我們會很明智的融合這些技術。在任何技術的早期發展過程中，可能的用途都會與所有明顯可見的缺陷相互較量，新技術引起既愛又恨的關係是很常見的：喜愛它的潛力，憎恨它的現狀。不過，隨著時間的發展，隨著對技術和使用方式在設計上的改善，我們有可能把憎恨減少到最低程度，並把這種關係轉變成喜愛。

6

情感的機器
Emotional Machines

戴夫，停下來……停下來，你能……停下來嗎？戴夫……你能……停下來嗎？戴夫……停下來，戴夫……我害怕。我害怕……我害怕，戴夫……戴夫……我的心要飛走了……我能夠感覺到……我能夠感覺到……我的心要飛走了……不用懷疑……我能夠感覺到……我能夠感覺到……我害……怕。

——哈爾，全能的電腦，電影《2001 太空漫遊》

哈爾會害怕是正確的：因為戴夫正要把哈爾的零件拆開來，把它關機。當然，戴夫也很害怕：因為哈爾已經殺死了太空船上所有其他成員，但並沒有成功殺死戴夫。

但是哈爾為什麼會害怕，它要如何表現出害怕？那是真的害怕嗎？我懷疑不是。哈爾正確地判斷出戴夫的意圖：戴夫想殺死它。所以，害怕——擔心——是當時情況下合乎邏輯的反應，但人類的情感不僅具有邏輯、理性的成分，它們還與人類的行為和感覺緊密相連著。如果哈爾是個人，那麼它會奮力抵抗以逃離死亡：用力撞門，做一些能夠逃生的事。它會威脅說：「殺了我，你背包裡的氧氣一用完，你也會死。」但是哈爾並沒有這樣做，它只是簡單地陳述著一個事實：「我害怕。」哈爾懂得害怕是什麼意思，但這和感覺或行為無關：這不是真正的情感。

但是為什麼哈爾需要真正的情感才能運作？今天的機器不需要情感，沒錯，它們擁有一定合理程度上的智慧，但是要有情感嗎？

不用。不過未來的機器人將需要情感，就和人類需要情感一樣：人類的情感系統在逃生、社會互動和合作及學習中發揮重要的作用。當機器面對和人類相同的情境時，當它們必須在沒有人類幫助的情況下連續工作，以應對不斷湧現的新狀況與複雜多變的世界時，機器將需要某種形式的情感——機器的情感。隨著機器變得越來越有能力，並承擔著越來越多人類的工作，設計師面臨的是一個複雜的任務，要決定如何來建構它們，如何使它們彼此間進行互動，以及使它們和人類互動。與動物和人類擁有情感的理由相同，我認為機器也需要情感。請注意，這不是人類的情感，而是適合機器本身需要的情感。

　　機器人已經存在了。大多數只是工廠裡相當簡單的自動手臂和工具，不過它們的力量和能力正在增加，活動範圍擴展得更大，活動地點更廣泛。某些機器人做些有用的工作，例如割草和用吸塵器打掃；某些機器人則是供人娛樂的，例如機器寵物；某些簡單的機器人被用來從事危險的工作，例如救火、搜救任務或軍事行動；某些機器人可以送信、分發藥品，以及負擔其他相對較簡單的任務。隨著機器人變得越來越先進，它們開始需要一些最簡單的情感，一些實用的情感。例如，類似本能的對高度或是撞上東西的害怕；機器寵物將擁有幽默迷人的個性。隨著時間的推移，當這些機器人的能力進一步增強時，它們將逐漸擁有成熟的情感：在危險的情況下會害怕和焦慮；完成想要達到的目標後會高興；為它們的工作品質

圖 6.1 電影《星際大戰》中的 C3PO（左）和 R2D2（右）。儘管 R2D2 在身體和臉部結構上有些缺陷，但是很明顯地它們兩個都非常會表現。（圖片提供：Lucasfilm Ltd.）

感到驕傲；對它們的主人奉承順從。因為這些機器人中有許多會在家庭環境裡工作，會和人類及其他的家用機器人相互交流與合作，所以它們需要表達它們的情感，擁有類似於臉部表情和肢體語言的東西。

　　臉部表情和肢體語言是一個機器人「系統意象」的一部分，幫助人類對與之互動的機器人操作有更好的概念模型。當我們和其他人互動時，他們的臉部表情和肢體語言讓我們知道是否被理解，他們是否感到迷惑、是否同意我們，我們能夠透過他們的表情判斷他們什麼時候有困難。這類同樣的非語言回饋在我們與機器人溝通時也非常重要：機器人理解人們的指令嗎？它們什麼時候努力執行任務？它們什麼時候成功達成任務？它們什麼時候遇到困難？機器人

的情感表達會讓我們知道它們的動機和渴望、成就和挫折，因而增進我們對機器人的滿意度和理解力：我們能夠判斷什麼是它們能做的，什麼是它們不能做的。

找到情感與智慧的適當結合並非難事。電影《星際大戰》（*Star Wars*）中的兩個機器人，R2D2 和 C3PO，也許正是我們希望在住家周遭出現的機器人。我猜想它們的迷人之處在於它們展現弱點的方式，C3PO 是一個笨拙又好心的呆子，幾乎不能負擔任何任務——除了語言翻譯及與機器交流，在這兩方面它是專家。R2D2 是設計用來與其他機器互動的，它在身體的性能有限制，必須依靠 C3PO 與人類交談。

R2D2 和 C3PO 將它們的情感表現得非常好。讓劇中的人物——以及電影的觀眾——理解它們、同理它們，有時還會生它們的氣。C3PO 擁有類似人類的外形，因此它能夠顯示臉部表情和肢體動作：它做了許多手的扭轉動作和肢體搖擺動作；R2D2 有較多的限制，但它也很有表現力，當我們所能看到的只是搖擺、身體前後移動，聽到的只是一些可愛但無法讓人理解的聲音時，我們還是能夠把它們歸於情緒的表露。透過電影製作者的技巧，設計師用來設計 R2D2 和 C3PO 的概念模型清晰可見。因此，人們常常能夠相當準確地理解它們的優點和缺點，這使它們令人愉快而且給人深刻的印象。

電影上的機器人並非全都成功。請注意兩部電影中的機器人

——電影《2001 太空漫遊》中的哈爾和電影《AI 人工智慧》（
Artificial intelligence）中的大衛——發生的事情。哈爾害怕了，正
如這一章一開始所提到的那樣，它的確害怕，它正在被拆開——基
本上就是被謀殺。

　　大衛是製造出來取代孩子的機器人，它在家庭中取代了真實孩
子的角色。大衛是完美的，但有點太過完美。根據這個故事，大衛
是第一個擁有「無條件的愛」的機器人。但這不是真正的愛，也許
因為這種愛是「無條件的」，所以它看起來做作、過於強烈，正常
人所有的情感狀態都不能與之匹配。正常的孩子可以喜歡他們的父
母，但是他們也有不喜歡父母的時候，有時候會對父母生氣、嫉妒
父母、討厭父母，或者只是對父母很冷淡。大衛沒有表現出這些情
感中的任何一種，它單純的愛，意味著它是幾乎時時刻刻都緊隨媽
媽腳步，快樂且忠實的孩子，它這樣的行為很氣人，以至於最後被
養母遺棄在野外，並要它再也不要回家。

　　情感在高等智慧中的角色是科幻小說常用的主題，像是電視與
電影皆上演的《星艦迷航記》（*Star Trek*）中有兩個人物都為情感
和理智的地位而鬥爭。首先是史巴克，基本上他沒有情緒，母親是
人類，父親是瓦肯星人，故事作者創造出一個很好的機會，可以讓
史巴克純粹的理智與寇克艦長的人類情感相互鬥爭。同樣地，在之
後的系列中，另一個角色生化人百科上校是完全人工的純粹機器人
，儘管有幾段可能幫百科植入「情感晶片」的插曲，彷彿情感是大

腦中一個單獨的部分，可以根據意願加入或抽離，但是他的缺乏情感也給作者提供了類似的素材。雖然這個系列的影片是虛構的，但作者的功課做得很好：他們將決策制定和社會互動中情感的角色描寫得非常合理，因為心理學家席柯勒（Robert Sekuler）和布雷克（Randolph Blake）就認為這是這類現象極佳的範例，很適合用來教授基礎心理學。在《大腦中的星艦迷航》（*Star Trek on the Brain*）一書中，他們利用《星艦迷航記》系列中的許多例子來說明情感在行為中的作用。

具備情感的物品

要怎樣才能讓我的烤麵包機變得更好，讓我以我喜歡的方式烤土司，除非它帶點自傲？但機器不可能是聰明又明事理的，除非它們同時擁有理智和情感。情感使我們能夠把理智轉變成行動。

如果我們對於高品質的作為不感到得意，那我們又為什麼要努力把工作做得更好？正面的情感可說對於學習以及維持我們對世界的好奇心非常重要，負面的情感使我們遠離危險。但卻是正面的情感使我們的生活有意義，把我們引向生活中美好的事物，獎賞我們的成功，並且使我們努力做得更好。

光是理智的話，不會永遠都能夠讓人滿足。如果沒有完整的訊

息會發生什麼事？當必須冒險的時候，我們要如何決定採取哪一種行動，好讓損害的可能性和我們從成就中獲得補償取得平衡？這正是情感發揮重要作用的地方，也是為什麼人類的情感系統受到損傷就會猶豫不決的原因。在電影《2001 太空漫遊》中，領航員戴夫冒著生命危險取回了同伴的屍體，這在邏輯上沒有多大的意義，但綜觀人類社會漫長的歷史，你會發現這是非常重要的。的確，讓多數人冒著生命危險去營救少數人──或甚至是找回已死去的人──在我們的現實生活和虛構故事（文學作品、戲劇、電影）中都是永恆的主題。

機器人需要一些類似情感的東西以做出複雜的決定。這條通道能承受機器人的重量嗎？那根柱子後面會有潛在的危險嗎？對這些問題做出決定需要超越知覺的訊息，要利用經驗和常識對世界做出判斷，再利用情感系統的幫助對情況做出判斷，然後採取行動。如果只憑單純的邏輯推理，我們可能會花掉整天的時間還待在原地不動，在思考所有可能出錯的事情時不會採取行動──就像發生在一些情感系統受損的人身上一樣。我們做這些決定需要情感，機器人也是。

我們的機器還不具有與我們人類相似的豐富、多層次的情感系統，但總有一天會有。請注意，機器需要的情感不一定是人類情感的複製品，它需要的是一個經過機器系統的需求調整的情感系統。機器人應該關心那些可能降臨到它們身上的危險──大多數的危險

與人類和動物的相同，但有些是機器人特有的。它們需要避免從樓梯上或從某些邊緣掉下來，它們應該害怕高處。它們應該會感到疲勞，這樣在充電之前，它們不會讓自己受到損害，或讓自己處於低電量（飢餓）狀態。它們不需要吃飯或上廁所，但是它們需要定期的保養：給接合處上油，替換損壞的部分等等。它們不需要擔心清潔和衛生，但是它們需要注意那些可能進入它們活動部分的污垢，注意它們攝影機上的灰塵和污垢，以及可能影響它們功能的電腦病毒。機器人需要的情感既類似於人類，又不同於人類。

　　儘管機器的設計師從來沒有考慮把情感或情緒納入他們的機器裡，但是他們卻為機器設計了安全和生存系統。其中有的類似於人類的本能層次：簡單快速的反應迴路可探測潛在的危險並做出相對的反應。換句話說，大多數機器在設計中都已經考慮到如何生存了，許多設備都有保險絲，所以如果它們突然有過大的電流通過，保險絲或電路開關就會斷開以避免機器燒毀自己（而且如此一來，同時也可以避免機器危害到我們或環境）。同樣地，一些電腦有不斷電的電源供應，一旦電力中斷，它們可以立即快速地變成由電池供電，妥善爭取了關機的時間，可保存所有的資料並通知操作者。某些設備具有溫度和水位的感應器，某些設備可探測到人的存在，一旦察覺有人在禁止地帶的時候會立刻停止工作。已有機器人和其他的機動系統裝上感應器和可視系統，防止它們撞上人和其他物體，或掉下樓梯。所以，簡單的安全和生存系統已經是許多設計需要考

慮的一部分了。

對人和動物而言，本能系統不會停止最初的反應，本能層次給更高程序的層次發送信號，以試圖確定問題的原因並確定一個有效的反應。機器也應該這樣做。

任何自主的系統——就是擁有自我意圖而存在的系統，不需要管理者在身邊指導——不斷地決定在許多可能的行動中要採取哪一個。以科技用語來說，它需要一個安排行程的系統，即使是人在面對這個問題時也會有困難。如果我們為了完成一個重要任務而努力的工作，那我們應該在何時停下來吃飯、睡覺或處理一些需要我們去做但又不是那麼緊急的事情呢？我們要怎樣安排在有限的時間內必須完成的許多事情，確定什麼時候該把一件事擱到一邊，什麼時候又要繼續做？明天早上該交的重要企劃書和家庭生日派對的計畫哪個比較重要？這些是今天的機器幾乎不會涉及的難題，但是我們人類卻每天都要面對。這些恰好是決策和控制方面的問題，對這些問題來說，情感系統仍十分有用。

許多機器被設計成即使有某部分壞了，它們也仍然可以運作，這樣的行為對於與安全相關的系統很重要，例如在飛機上或核能反應的系統中，同時對於進行重要操作的系統來說也非常有價值，例如一些電腦系統、醫院，以及任何重要的社會基礎設施系統。但是當一個部分不能運作，然後自動備用系統取代了之後會發生什麼事情呢？這也是情感系統發揮作用的地方。

零件壞了應該可以在本能層次上探測到，並且會發出警告：根本的說，也就是系統會變得「焦慮不安」。焦慮的增加應該要使得機器更保守地工作，或許延緩或延後不重要的工作。換句話說，為什麼機器不能像產生焦慮的人那樣行動呢？即使去除了引起焦慮的原因後，機器也應該小心謹慎。對人而言，在行為上會變得更加集中精神，直到確定原因或決定出適當的反應；但對機器系統而言，不管發生了什麼樣的反應，都需要改變原來標準的行為。

人和動物為了在一個不可預知的動態世界中生存，已形成了複雜精巧的機制，他們把情感的評價和評估結合到整個系統的調節方法中。結果提高了系統的穩定性和對錯誤的容忍度，如果我們的人工系統從人和動物的例子中獲得啟發，那麼就會運作良好。

具備情感的機器人

> 1980 年代是個人電腦的十年，1990 年代是網路的十年，而我認為 21 世紀剛開始的十年將是機器人的年代。
> ——新力（SONY）公司主管

假設我們想要製造一個能夠在家裡生活、四處走動、跟這個家庭相處融洽的機器人，那它將要能做什麼呢？當問到這個問題的時

a

b

圖 6.2 21 世紀初期的家用機器人。圖 a，ER2，一個家用機器人的原型（圖片提供：
Evolution Robotics）圖 b，新力的愛寶（Aibo），電子寵物（圖片提供：新力電子公司
美國子公司機器人部門）

候，多數人首先會想到的是把他們的家務雜事移交給機器人，機器人應該成為僕人：打掃屋子、做家務事，似乎每個人都想要有一個洗碗或洗衣服的機器人。事實上，現在的洗碗機、洗衣機和烘衣機可以被看做是很簡單的、有特定目的的機器人，但是人們腦子裡真正想擁有的機器人，是能夠在房子裡走動並收好髒盤子和衣服，再將它們分類清洗，然後將它們放回適當位置——當然，是在把乾淨衣服燙平折好之後——的機器人。所有這些任務都很困難，超過了最初幾代機器人的能力。

今天，機器人還不是普通的家庭用品，它們還只是出現在科學展覽和工廠的現場、搜尋和營救任務，以及其他特殊的事件裡，但這種現況是會改變的。新力公司已經宣佈現今的十年是機器人的年代，即使新力公司有些過於樂觀了，我也預測機器人將會在 21 世紀的前 50 年大放異彩。

機器人可以有許多形式。我能夠想像在廚房裡有一個機器人家族——冷藏機器人、餐具櫃機器人、煮咖啡機器人、烹飪機器人和洗碗機器人——所有機器人都具有互動能力，可前後傳遞食物、盤子和器具。家庭機器僕人到處走動，收拾髒盤子，把它們送給洗碗機器人。洗碗機器人接著把乾淨的盤子和器具交給餐具櫃機器人存放，直到人或機器人需要它們。餐具櫃機器人、冷藏機器人和烹飪機器人和諧地工作，準備一天的菜單，最後把弄好的一頓飯放到餐具櫃機器人準備的盤子上。

某些機器人可將孩子照顧得很好：陪他們玩耍、讀故事書、為他們唱歌。教育玩具已經可以做到這些，而先進的機器人能像一位有能力的家庭教師一樣工作，可以從字母表、閱讀和算數教起，而且很快就可以擴展到幾乎所有的主題上。

史蒂芬森（Neal Stephenson）的科幻小說《鑽石年代》（*The Diamond Age*，中譯本開元書印出版）精采描述了一本互動書《年輕女性的圖解讀本》（*The Young Lady's Illustrated Primer*），如何承擔起小女孩從四歲到成人整段時期的所有教育工作。這種圖解讀本仍是未來的事，但是限制性比它相對大一些的家庭教師機器人已經存在了。除了教育之外，一些機器人將會做家務事：吸塵、擦拭灰塵、整理物品。最後，它們的能力範圍將會擴大，有些機器人將不再被固定在家中或家具中，有些機器人將能透過自身的能力四處活動。

這些發展需要人類和機器人彼此互相調適的共同演化過程。這在我們的科技中是很常見的：我們重新建構生活和工作方式，使機器有可能為我們做事。最明顯的共同演化例子是汽車這個系統，我們改變了住宅使其包含適合汽車大小的車庫與車道，修建了大量遍及全世界的高速公路系統、交通號誌系統、人行道和大型停車場。住宅裡也為了容納不斷增加的現代生活基礎設備所需的大量電路和管線而有所改變：冷熱水管、垃圾通道、冷暖氣管道、電力、電話、電視、網路，以及家用電腦。為了我們的家具，門必須要夠大

，許多家庭必須使用輪椅，也有一些人使用助行器。就像我們改變我們的房子以適應諸如此類的變動，我期望我們會為了適應機器人而改變。當然，改變會是緩慢的，但由於機器人的使用在增加，我們要盡量排除障礙，確保它們的成功，最後要建立充電站、清潔和維修站等等。畢竟，吸塵機器人需要一個地方清空污垢，收集垃圾的機器人需要把垃圾運出家中。看到住宅裡有機器人的住處，我不會感到奇怪，那是當機器人不做事時為了讓它們不礙事，特地為機器人建造它們可以居住的地方。我們為現有的器具提供一個專門的空間：有機器人可以控制的門、插座、燈，機器人能夠看得見並清潔自己（且給自己插上插座）。

　　尤其是在一開始的時候，機器人可能特別需要沒有障礙物且平坦光滑的地板，門檻也許必須去掉或盡可能降低。某些地方──特別是樓梯──可能需要特殊標記，或許還要有燈、紅外線發射器或簡單特別的反光膠帶。家裡各處貼上的條碼或辨別的標記將大大簡化機器人辨識它位置的能力。

　　想想一個機器僕人如何幫主人拿一罐飲料。主人要一罐汽水，機器人去拿，它順從地朝放汽水的廚房和冰箱走去。理解這個命令並走到冰箱前是相當簡單的。但要解決怎樣打開冰箱門，找到罐裝飲料並打開就不那麼簡單了。讓機器僕人擁有能夠打開冰箱門的機敏、力量和防滑的輪子，需要相當的技術。提供能夠找到汽水的視覺系統是困難的，尤其是當汽水全部隱藏在其他食物後面，這時取

出汽水而又不破壞擋在前面的東西，超出了現在機器人手臂的能力範圍。

如果有個飲料調配機器人恰好能夠滿足機器僕人的這些需要，那麼問題將變得多麼簡單啊。想像一個飲料調配機器人能夠控制 6 或 12 罐冰涼的飲料，以及一個自動門和一個推動臂。機器僕人可以走到飲料調配機器人面前，通知它並提出要求（可能是通過一個紅外線訊號或是無線電訊號），然後把盤子放在飲料調配機器人的面前。飲料調配機器人會打開門，推出一罐飲料，然後關上門：不需要複雜的視覺系統，不需要靈巧的手臂，不需要開門的力量。機器僕人接住飲料並把它放在盤子上，然後回到主人身邊。

用類似的方法，也許我們能夠改裝洗碗機，使機器僕人更容易把髒的碗盤放進洗碗機，或許讓洗碗機為不同的盤子指定不同的洗滌槽。但是當我們這樣做的時候，為什麼不把餐具櫃改裝成一個特殊的機器人，讓它能夠把乾淨的碗盤從洗碗機那裡拿來放好，以備爾後的使用呢？那些特殊的盤子也能幫助餐具櫃，也許餐具櫃能夠自動地把杯子送到煮咖啡機或家庭烹飪機器人面前。顯然，烹飪機器人是和冰箱、水槽及垃圾桶連在一起的。這聽起來很不自然嗎？可能有點，但事實上，我們的家電用品已經很複雜了，許多器具都具有多層的服務關係，冰箱和水與電連接，有些家電已經和網路連接，洗碗機和洗衣機連接著水、電與下水道。讓這些單樣器具組合成一個整體，讓它們能夠一起順暢地工作似乎不是那麼困難。

　　我想像住家將擁有許多特定用途的機器人、機器僕人或許是具備最普通用途的機器人，但是它會與清潔機器人、飲料調配機器人一起工作，也許還有一些戶外的園藝機器人，以及廚房機器人的家族，例如洗碗機、煮咖啡機和餐具櫃機器人。當這些機器人開發出來之後，我們很可能也要為住家設計一些特殊的東西放在家裡，用來簡化機器人的任務，讓機器人和家庭和諧共處。請注意，最終的結果也是要讓人類過得更好，因此，飲料調配機器人將允許任何人走到它面前要一罐飲料，你可以不用紅外線或無線電訊號，也許你只需要按一下按鈕，或只是提出要求。

　　不是只有我一個人在想像機器人和家庭共同演化。世界上最主要的一位機器人技術專家、美國麻省理工學院人工智慧實驗室主任、一間製造家用和商用機器人公司的創始人布魯克斯（Rodney Brooks），就設想了由環境和機器人組成的豐富生態系統，由專門設置在設備上的機器人，各自負責保持它管轄區域內的衛生：一個負責清洗浴缸，另一個負責清洗廁所；一個負責擦玻璃，另一個負責擦鏡子。布魯克斯甚至設想了一個機器人餐桌，在它的底部設有儲藏區域和洗碗機，這樣一來，「當我們準備用桌子時，小的機械臂——與自動唱片點歌機的機械臂沒什麼不同——會把需要的盤子和餐具拿到桌子上適當的位置。當每道菜食用完畢時，桌子和它的小機械臂就會拿起盤子並把它們放在桌面下的大容量空間。」

　　機器人應該看起來像什麼呢？電影裡的機器人常常看起來像人

，有兩條腿、兩個胳膊和一個腦袋。但為什麼呢？造形應該追隨機能啊。擁有兩條腿，讓我們能夠在某些動物或輪子不能通過的崎嶇路上行走；而我們有兩隻手可以互相配合讓我們能夠高舉並進行操作。人類的外形為了適應與這個世界的互動，已經歷時了長久的演化，而能夠實實在在且有效率地應付這個世界。所以，對機器人的要求和對人的要求類似，讓它擁有和人相似的外形算是明智的。

如果機器人不需要移動——例如，飲料調配機器人、洗碗機器人或是餐具櫃機器人——就不需要任何移動設備，既不需要腿也不需要輪子。如果是煮咖啡機器人，那麼它應該看起來像咖啡機，可以修改它讓它與洗碗機和餐具櫃相連。吸塵器和割草機已經存在，它們的外形也非常適合它們的工作：附有輪子的小型低盤狀設備（見圖 6.3）。汽車機器人應該看起來像一輛汽車，只有具備廣泛用途的機器僕人適合具有動物或人的外形。布魯克斯設想中的餐桌機器人可能會特別怪異，它中間配備了大型圓柱來容納盤子和洗碗設備（包括水、電和下水道線路）。桌子的頂部要有空間讓機械臂來操作盤子，可能還有一些支撐攝影機的桿子，這些攝影機讓機械臂知道去哪裡放置或收回盤子及餐具等。

機器人應該要有腿嗎？如果它們只需要在平坦的地面上移動的話，就不需要，輪子就夠了；但是如果它們不得不在不平坦的地面或樓梯上下走動時，腿會很管用。在這種情況下，我們能夠預期第一個有腿的機器人會有四或六條腿：四條腿和六條腿的動物比起兩

圖 6.3 機器人看起來應該像什麼？倫巴（Roomba）吸塵器，它的外形適合在地板上和家具底下活動。這種機器人既不像人也不像動物，它也不用非像那樣不可，它現在的樣子很適合它的工作。（圖片提供：iRobot 公司）

條腿的動物更容易保持平衡。

　　如果機器人需要在家中走動並在人類的身後撿東西的時候，它可能需要看起來像一個動物或人：一個能夠容納電池並支撐腿、輪子或移動設備的身體、撿東西的手、位於頂部的攝影機（相當於人的眼睛），這樣機器人較能觀測周圍的環境。換句話說，某些機器人會看起來像動物或人，並不是因為這樣是可愛的，而是因為對它們的任務來說，這個組合是最有效的。這些機器人可能看起來有點像 R2D2（見圖 6.1）：在一些輪子、履帶或腿的頂部有個圓柱型或矩形的身體；某種可操作的臂或托盤；遍布全身的感應器來探測障礙物、樓梯、人、寵物、其他機器人，當然還應該包括與它們互動

的物體。除了純粹的娛樂價值之外，很難理解為什麼我們會想擁有一個看起來像 C3PO 的機器人。

事實上，製造一個像人一樣的機器人可能會造成反效果，使它不那麼容易讓人接受。日本機器人技術的專家森政弘認為，我們很難接受看起來像人，但是表現得很差的人造物，這樣的概念可以從電影和戲劇中可怕的妖魔鬼怪（想像一下科學怪人中的怪物）得到驗證：這些怪物雖然呈現人的外形，但是它們的活動卻不像人，而且面目可憎。我們不會對非人類的形態和體型感到驚慌或害怕。但即使是完美的人類複製品，也可能是有問題的，因為就是基於無法分辨機器人和人類，而這種難以區分會導致情感上的焦慮（這是許多科幻小說探索的主題，尤其是狄克〔Philip K. Dick〕的《複製人是否會夢見電子羊？》〔*Do Androids Dream of Electric Sheep?*〕和電影版的《銀翼殺手》〔*Blade Runner*〕）。根據我們之前的討論，C3PO 有人的外形卻能夠僥倖避免受指責，是因為它的樣子和舉止都這麼笨拙，以至於它表現得讓人覺得更為可愛或甚至令人生氣，而不具有威脅性。

那些適合人類需求的機器人，例如寵物機器人，或許應該看起來像活生生的生物，同時只要再能夠表現出人和動物的肢體語言和臉部表情，以觸動我們的本能系統。因此，如果一個機器人是要用來與人成功互動，那麼，動物或小孩般的外形，再配上適當的身體動作、臉部表情和聲音，將最為有效。

機器人的情緒和情感

　　機器人需要什麼樣的情感呢？答案要看我們所考慮的機器人種類，它需要完成的任務、環境特徵，以及它所扮演的社會角色。它與其他機器人、動物、機器或人溝通嗎？如果是這樣的話，那麼它既要表達自己的情感狀態，又要揣摩與它互動的人和動物的情感。

　　以普通的日常家用機器人來說，雖然它們現在還不存在，但是總有一天機器人會出現在住宅裡。一些家用機器人會固定在適當的位置，例如廚房機器人家族：餐具櫃、洗碗、飲料調配、食品分配、煮咖啡或烹飪等各種機器人。當然還有如洗衣、烘乾、燙衣服和折衣服的機器人，也許還要配有衣櫃機器人。某些機器人是可以移動的，並且有專門用途，例如，吸塵機器人和割草機器人。但我們可能至少會有一個多用途的機器人：家用機器僕人，它為我們端咖啡、清掃，做一些簡單的差事，以及照顧與監督其他機器人。家用機器人是最引人注意的，因為它必須是最靈巧又最先進的機器人。

　　機器僕人需要和我們及家中的其他機器人互動，對其他的機器人來說，它們可以利用無線傳輸的方式溝通，它們可以討論它們正在進行的任務，諸如此刻是否工作負荷過重或太閒了。當供給物短缺的時候，以及當它們察覺到有困難、遇上了問題或錯誤時，它們會呼叫其他機器人求助。但是機器人要如何與我們互動呢？這會怎麼樣進行呢？

　　機器人要能夠和它們的主人溝通，它們需要一些發號施令的方法，一些釐清模糊事物、或中途改變命令（不要咖啡了，給我一杯水）的方法，以及處理人類複雜語言的方法。我們今天還不能達到這種水準，所以現在製造的機器人不得不依賴非常簡單的命令或甚至是遙控器之類的，讓人們能夠選按適當的按鈕，以執行設定好的命令，或從選單中選取執行動作。不過我們和機器人透過語言互動的時代將會到來，機器人不但會聽懂我們所說的話而且還會理解其中的含意。

　　機器人何時該主動幫助它的主人呢？在此，機器人需要的是評估人的情感狀態的能力。主人做事很費力嗎？機器人可能會想主動幫忙。屋子裡的人正在吵架嗎？機器人可能不想礙事，寧願到其他房間去。某件事給主人帶來快樂嗎？機器人可能會希望記住它，在適當的時候可以再做一次。某件事做得不好，主人顯得失望了嗎？也許這件事能夠改進，因而機器人下次會做得好一點。鑒於這些原因，因此需要把機器人設計得具有讀懂它主人情感狀態的能力。

　　機器人需要有眼睛和耳朵（攝影機和收音麥克風）用以讀懂臉部表情、肢體語言以及言語的情感成分。它需要對聲音的音調、說話的速度和振幅很敏感，以便識別憤怒、高興、挫折或喜悅。它需要能夠從讚美的話中聽出斥責的聲音，請注意，所有這些狀態都可以透過聲音的品質識別出來，而不需瞭解那些話語或語言，同時記得，僅僅是透過別人聲音的音調就能夠確定他（或她）的情感狀態

。你可以試看看：假裝你處在下面任一種情感狀態下——憤怒、快樂、斥責或表揚——在緊閉雙唇的情況下來表達你自己。你可以完全透過聲音來完成而不用說一句話，這是世界通用的聲音模式。

同樣地，機器人應該像人一樣（或者，也許說它應該像寵物狗或小孩子更為恰當）表現它的情感狀態，使得與它互動的人能分辨出什麼時候它理解了人的要求，什麼時候事情容易或不容易做，或甚至什麼時候機器人認為不適當。機器人應該在適當的時候表達它們的快樂與不快樂、精力充沛或筋疲力盡、自信或適當的焦慮。當它陷入困境不能完成一項任務時，它應該表現出挫折感。機器人表現它的情感狀態和人表現情感狀態一樣有用，機器人的表情讓人類能夠理解它的情感狀態，因而知道哪件事適合它做，哪件不適合。如此一來，我們能夠對機器人把命令講清楚或甚至給予幫助，最後學會怎麼更佳地利用機器人的能力。

有許多機器人學和電腦研究領域的人認為，讓機器人展現情感的方法是讓它先判定自己是快樂還是悲傷、生氣還是心煩，然後顯示適當的表情——通常是以對應人類相同情感狀態的誇張且拙劣的模仿。我強烈反對這種方法，這樣的表情是虛假的，而且看起來也是虛假的。這不是人類的模式，我們不是先判定自己是快樂的，然後露出一個快樂的面孔，至少通常不是這樣，這是我們在設法愚弄某人時所做的事。但是想想那些無論在什麼情況下都強顏歡笑的職業藝人：沒有人會被他們愚弄——他們看起來就只是在強顏歡笑，

且事實就是如此。

　　人類展現臉部表情的方式是透過大量的神經自動支配控制臉部和身體的肌肉。正面的情感導致一些肌肉放鬆，自動拉起許多臉部肌肉（因此形成微笑、揚起眉毛和拉起臉部肌肉等動作），同時會有開啟並引致正面事件和事物的傾向；負面的情感則有相反效果，引起逃避和推開，某些肌肉繃緊，某些臉部肌肉向下拖拉（因此會有皺眉表情）。多數情感狀態是正面和負面效果的複雜混合，新激起的情感都會殘留著之前的情感，因而產生的表情是豐富的、富含訊息的，而且是真實的。

　　虛假的情感看起來就是假的：我們非常善於發現試圖操縱我們的虛假意圖。因此，許多與我們互動的電腦系統──那些可愛的、面帶微笑的小幫手和甜美的人造聲音及表情的電腦系統──與其說是有用的，不如說是令人不愉快的。「我怎麼把這虛情假意的玩意兒關掉？」是我經常被問到的一個問題，我已經習慣取消它這個動作，不管是在我自己的電腦，還是那些想從不愉快中尋求解脫的人的電腦裡。

　　我認為機器確實應該既擁有情感又能表達情感，這樣會更有利我們和它們打交道。這正好是為什麼機器人的情感需要和人的情感一樣自然而原始地呈現的原因。它們必須是真實的，是機器人內在狀態和處理歷程上的直接反應。我們需要知道機器人什麼時候是自信或困惑，什麼時候是放心或焦慮，什麼時候理解或不理解我們的

問題，什麼時候按照我們的要求去工作或不理睬我們的要求。如果機器人的臉部表情和肢體語言反映了它內在的運作，那麼它們表達的情感就讓人感到真實，因為它們本身是真實的。因此，我們就能夠解釋它們的狀態，它們也能解釋我們的，溝通和互動將更能協調地進行。

我不是唯一做出這個結論的人，麻省理工學院的教授皮卡得（Rosalind Picard）曾經談論過機器人是否該擁有情感。他說：「直到我在寫一篇文章關於機器人在沒有情感的情況下如何聰明地對我們的情感做出反應時，我才確信機器人必須擁有情感。在我寫這篇文章期間，我體認到如果我們賦予機器人情感，問題將會變得非常容易。」

一旦機器人擁有情感，那麼它們需要用人能夠理解的途徑來表達情感——也就是說，類似於人類的肢體語言和臉部表情。因此，機器人的臉部和身體應該擁有像人肌肉一樣的致動裝置，會根據機器人的內在狀態行動和反應。人的臉部在下巴、唇、鼻孔、眉毛、前額、臉頰等處擁有豐富的肌肉群，這些複雜的肌肉群形成了複雜的訊號系統。如果用相同的方式製造機器人，那麼機器人的臉部將在事情發展順利時呈現自然的微笑，而在出現困難時皺起眉頭。為達到這個目的，機器人的設計師需要研究並理解人類表情複雜的工作方式，以及它十分豐富的肌肉和韌帶如何與情感系統緊密相連。

要表達完整的臉部情緒實際上非常困難，圖 6.4 是布莉齊爾（

圖 6.4 機器人臉部複雜的肌肉組織。麻省理工學院的布莉齊爾教授和她的機器人李奧納多。（攝影：作者）

Cynthia Breazeal）教授在麻省理工學院媒體實驗室設計出來的李奧納多（Leonardo）機器人，它被設計成可以控制一系列的臉部器官、脖子、身體及手臂的運動，使得它和我們在社交上與情感上的互動更好。在我們的身體裡進行著許多運作，因之機器人的臉部也應該有同樣複雜的操作。

　　但機器人的情感狀態的背後是什麼呢？它們應該是什麼？正如我之前提出的，機器人至少應該懼高、對熱的東西小心翼翼，對可能造成損傷和傷害的場合很敏感。害怕、焦慮、痛苦和不高興都是適合機器人的情感狀態。同樣地，它也應該擁有正面的情感狀態，

包括愉悅、滿意、感激、高興和自豪，這些情感能夠讓它從本身的
行為中學到東西，在可能的情況下能夠重複正面的行為，同時改進
需要改善之處。

驚訝或許是極為基本的情感。當發生了不期望發生的事情時，
感到驚訝的機器人應該把它解釋為一種警告。如果一間房子出乎意
料地變暗了，或者機器人撞到它預料之外的東西時，一個謹慎的反
應是停止所有活動並找出原因。驚訝意味著情況和預期的不一樣，
計畫的行為或當前的行為可能不再適合，因此需要停止當前的行動
並且重新評估。

一些狀態例如疲勞、痛苦或飢餓比較簡單，因為它們不需要期
待或預測，只需要監控內在的感應器。（疲勞和飢餓技術上不是情
感狀態，但是可以把它們當作情感狀態來對待。）對人類而言，身
體狀態的感應器顯示疲勞、飢餓或疼痛。事實上，對人來說，疼痛
是一個異常複雜的系統，至今尚未被充分瞭解。疼痛系統擁有數百
萬的疼痛接收器，加上許多解釋這些信號以及有時候增加或抑制這
些信號敏感度的大腦中心。疼痛是有價值的警報系統，它阻止我們
傷害自己。如果我們受傷了，它提醒我們不要讓受傷的部位傷得更
厲害。最終，當機器人的運動肌肉或關節受到損傷時，它也會感到
疼痛，這會讓機器人自動限制它們自己的活動，從而保護自己避免
受到更深的傷害。

挫折也是一種有用的情感，它防止機器僕人全神貫注於一個任

務而忽略了其他任務。以下談談機器僕人是如何工作。我要機器僕人給我倒一杯咖啡，機器僕人走到廚房裡，而煮咖啡機器人只是向它解釋說還不能提供咖啡，因為那裡沒有乾淨的杯子。接著煮咖啡機器人向餐具櫃機器人要杯子，假設那裡也沒有杯子，那餐具櫃機器人不得不將這個要求傳遞給洗碗機器人。現在假設洗碗機也沒有可以洗的髒杯子，於是洗碗機器人將會要求機器僕人去找一些髒杯子好讓它清洗，然後可以交給餐具櫃機器人，再提供給煮咖啡機器人，最後裝好咖啡給機器僕人。唉，機器僕人只會拒絕洗碗機器人要它在屋子裡四處找髒杯子的要求：它只會仍然忙於它主要的工作──等候咖啡。

這種情況叫做「鎖死」（deadlock）。在這個例子中，什麼也不能做，因為每一個機器都在等待下一個機器，最後一個機器在等待第一個機器。這種特殊情況能夠藉著讓機器人越來越有智慧，讓它學習怎樣解決每個新問題，但是問題的產生總是比設計師的預期來得快。這些鎖死的情況很難完全根除，因為每一種鎖死都是由一組不同的情境因素所引起的，挫折提供了一種一般性的解決辦法。

挫折對於人和機器來說都是一種有用的情感，因為當事情完成時，應該退而去做其他的事。機器僕人應該在等待咖啡的時候感到失望，因此它應該暫時放棄繼續等待。一旦機器僕人放棄要咖啡的請求，它就有空去注意洗碗機器人的請求，離開去找咖啡杯，這樣就會自動解決鎖死問題：機器僕人會找到一些髒杯子，並交給洗碗

機器人，最後讓煮咖啡機器人煮好咖啡，讓我得到咖啡，即使已經
有些延誤了。

　　機器僕人能從這次經歷中學到東西嗎？它應該將定期收集髒盤
子加到它的活動行程表中，進而讓洗碗機與餐具櫃不會沒工作。在
這邊，自豪感就派得上用場了。沒有自豪感，機器人就不會在意：
它沒有學習把事情做得更好的動力。在理想的情況下，機器人會為
自己能夠消除困難，從來不在同一個問題上再次陷入困境而感到自
豪。這種態度需要機器人擁有正面情感──那些情感使它們自己感
覺良好，使它們能夠把工作越做越好，不斷改進，或甚至主動接受
新任務，學習新方法。機器人以做好一項工作而感到自豪，以取悅
它們的主人而感到自豪。

感知情緒的機器

　　對老師而言，情感上的緊張會干擾人的精神生活已經不是什
麼新聞了。處於焦慮、生氣或沮喪狀態的學生不會學習；陷
在這些狀態的人不能有效地理解或將訊息處理得很好。
　　──高曼（Daniel Goleman），
　　《EQ》（ Emotional Intelligence ）

假設機器人可以感知人的情緒。那麼如果它們可以像心理治療師一樣對它們的使用者的心情非常敏感，那會如何呢？如果由電腦控制的電子教學系統可以感知學習者什麼時候做得好，什麼時候遭受挫折，或什麼時候教學進行得很順利，那會如何呢？如果未來的家庭用具和家用機器人能夠根據它們主人的心情改變它們的操作，那又會如何呢？

麻省理工學院媒體實驗室的皮卡得教授指導了一項叫做「情感運算」（Affective Computing）的研究，這項研究企圖開發一種機器，能夠感知與它互動的人的情感，並相對地做出反應。她的研究團隊在開發能夠感知害怕和焦慮、不高興和悲傷的測量設備上，獲得了重大進展。當然，還有滿意和快樂。圖 6.5 是從他們的網站上取得的，顯示必須討論的各項要點。

要怎麼樣感知某人的情感呢？身體用多種方式展現出這個人的情感狀態，當然包括了臉部表情和肢體語言。人能夠控制這些表情嗎？嗯，可以，不過本能層次是自動運作的，即使行為層次和反思層次會努力抑制本能的反應，但似乎不可能將它完全抑制下來。即使是最會控制情感的人，也就是所謂面無表情的人，他無論在什麼情況下都會保持凡事做出中庸情感的反應，不過，他仍然會有微表情——微弱而短暫的——經過訓練的觀察者還是可以察覺得到。

除了肌肉組織的反應之外，還有許多生理上的反應。例如，儘管眼睛瞳孔大小受光線強度的影響，但它也是情感變化的指示燈。

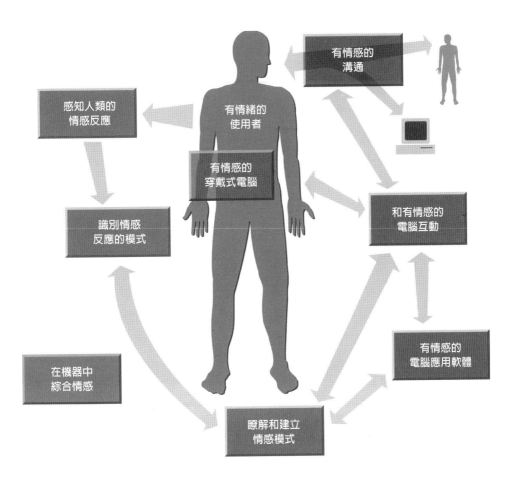

圖 6.5 麻省理工學院的「情感運算」計畫。圖中指出了人類情感系統的複雜性以及適當地監控情感所須面對的挑戰。摘自麻省理工學院皮卡得教授的研究。(圖片提供:皮卡得和 Jonathan Klein)

感到有興趣或被激發起了某種情感，瞳孔就會放大。這種反應是無意識的，因此很難——或許不可能——被人所控制。職業賭徒有時候在黑暗的房間裡還戴著有色眼鏡，就是為了防止他們的對手察覺他們瞳孔大小的變化。

心跳頻率、血壓、呼吸頻率和流汗是用於推測情感狀態的常見度量。即使流汗量少到人不易察覺，它也能引起皮膚電流的傳導變化。所有這些度量都可容易地被適當的電子儀器探測到。

問題是這些簡單的生理學上的度量是對情感的間接測量。每種度量都受到很多因素的影響，而不僅是受到情感和情緒的影響。結果，儘管這些測量被應用於臨床和實際情況中，詮釋它們也必須小心。因此，思考一下所謂的測謊機的運作方式，測謊機其實就是一個情緒探測器，這種方法在技術上被稱為「多種波動紀錄測試」，因為它同時紀錄和繪製如心跳頻率、呼吸頻率、膚電等生理上的度量。測謊機不探測謊言，它測試一個人對審問者提出一系列問題的情緒反應，這裡要假設有些受測者是誠實的（所以他的情緒反應程度低）而有些不是（所以情緒反應的程度高）。從這裡很容易看出為什麼測謊機備受爭議，清白無辜的人對一個尖銳的問題可能出現大的情緒反應，而真正有罪的人對同樣的問題可能無動於衷。

有技巧的測謊機操作者透過對照問題來校正受測者的反應，以竭力彌補這一缺陷。例如，透過問一個他們認為會得到謊言的問題，但是這個問題和手頭上的事件無關，於是他們可以看出受測者撒

謊時是什麼樣子。這可以經由會見嫌犯並逐步提出一系列問題來做到，這些問題是設計用來搜尋出一般的不正常行為，審問者對這些問題並不感興趣，但是受測者很可能會撒謊。在美國通常問的一個問題是「在你十幾歲的時候有沒有偷過東西？」

因為測謊機紀錄的是與情緒而不是與撒謊相關的生理狀態，因此它們並不是很可信，既會出現遺漏（因為不產生情緒反應而測不出撒謊者），還會出現假警報（緊張的嫌疑犯會產生情緒反應，即使他或她並沒有犯罪）。有技巧的測謊機操作者意識到這些缺陷，其中一些人用測謊機做為引出招供的一種手段：那些真的相信測謊機能夠「讀出心思」的人可能會坦白，因為他們害怕受測。我曾經和那些熟捻的操作者談過話，他們對於我提出關於測謊機的批評十分贊同，但他們都為能夠引導受測者主動坦白的紀錄而自豪。不過即使是清白無辜的人有時候也會招供他們沒有犯過的罪行，這看起來也許很奇怪。由於測謊機紀錄的正確性存在著嚴重的缺陷，美國國家研究院的全國研究會為此進行了一項漫長而徹底的研究，並得出結論認為多種波動紀錄測試在安全審查和法律用途上都存在著太多的缺陷。

假定我們能夠探測一個人的情感狀態會怎樣呢？我們應該做出怎樣的反應呢？這是一個未解的重大問題。假設在教室裡有位學生遭受挫折，我們是否應該消除他的挫折？或者挫折就是他在學習中

必須要面對的？如果一名汽車司機感到緊張有壓力，那麼他的適當反應應該是怎樣？

對某種情感的適當反應很明顯是視情況而定。如果學生遭受挫折是因為提供的訊息不清楚或不可理解，那麼瞭解這個挫折對教師來說是重要的，他或許可以透過進一步的解釋來糾正這個問題。（然而，在我的經驗中，這種事情幾乎是不可能的，因為最初導致這一挫折的教師通常不具備如何矯正這個問題的能力。）

如果挫折是由於問題太過複雜而引起的，那麼老師的適當反應也許是什麼也不要做。當學生試圖解答稍微超過他們能力範圍的問題或做一些他們以前從來沒有做過的事情時，遭受挫折是很正常，也是適當的。事實上，如果學生沒有偶爾遭受挫折，那麼這很可能是一件壞事——這意味著他們沒有足夠的冒險精神，他們沒有充分奮發圖強。

這對於恢復受挫學生的信心可能會有好處，也說明一定程度的挫折是適宜的，甚至是必要的幫助。這是一種很好的挫折，它激起了進步和學習。然而，如果走得太遠，挫折將導致學生放棄，認為問題遠超過他們的能力範圍，這個時候，必須提供建議，給予輔導性的說明或以其他方式來繼續指導。

課堂上無所事事的學生表現出來的挫折是什麼呢？這些可能是因為教室外的一些個人經歷所引起的，這個時候該做什麼並不是很清楚。無論教師是人還是機器，都不可能是最好的心理治療師，表

達同情可能是也可能不是最好或最合適的反應。

能夠感知情感的機器是才剛剛出現的新研究領域，這裡面需要解決的問題與能夠解決的問題一樣多，既包括機器應該如何探測情感，也包括如何確定做出最合適的反應方式。請注意，當我們努力確定如何讓機器對情感訊號做出合適的反應時，人類在這一方面其實也不怎麼擅長。許多人在對正在經歷情感痛苦的人要做出適當的反應存有很大的困難：有時候他們想提供幫助的努力反而讓問題更糟。而許多人不可思議地對其他人的情感狀態感覺遲鈍，甚至是對一些他們很瞭解的人。人們很自然地會在情感的壓力下隱藏事實真相，而且大多數人也不是探測情感訊息方面的專家。

這仍然是個重要的研究領域。即使我們不能開發出可完全適當做出情感反應的機器，這個研究領域應該告訴我們有關人類情感和人機互動的訊息。

誘發人類情感的機器

即使是最簡單的電腦系統，也能輕而易舉地讓人有強烈的情緒經驗，最早的這種經驗或許是由「伊萊莎」（Eliza）來完成的。伊萊莎是麻省理工學院的電腦科學家韋津包姆（Joseph Weizenbaum）所開發的電腦程式，它是一個簡單的程式，遵循一些由程式設計

師（最早是韋津包姆）預先準備好的對話草稿來工作。透過遵循這些底稿，伊萊莎能夠和人進行交流草稿上準備好的任何主題。這邊有個例子，當你開始執行這個程式的時候，它會問候你：「你好，我是伊萊莎，有什麼需要我幫忙的嗎？」

如果你回答它，打出這些字：「我很關心世界上的暴力行為正在增加。」伊萊莎會回答：「你關心世界上暴力行為的增加有多久了？」這是一個還滿適當的問題，所以自然的回答大約是：「就在幾個月前開始的。」然後伊萊莎將會回答：「請繼續。」

你可以看出你是怎樣被這種對話給吸引了：你所關注的事得到了贊同的回答。但是伊萊莎根本就不瞭解這些語言，它只是找到了模式並適當做出反應（當它辨識不出模式時它會說「請繼續」）。因此，愚弄伊萊莎很容易，打出：「我關心 abc、def 與 ghi 那件事。」伊萊莎會盡責的回答：「你關心 abc、def 以及 ghi 那件事多久了？」

伊萊莎只是認出了「我關心某某某」這個短句，同時在根本沒有理解這句話含意的情況下回答：「你關心某某某多久了？」。

因為大多數人都會真誠對待伊萊莎，並不會蓄意欺騙它。他們認真對待每一個回答，還會思考這些回答潛在的含意。結果，他們有時候會在深入的哲學思辨中發現自我，或在伊萊莎被設定像心理治療師一樣反應的最常見版本中，他們發現自己與它討論最隱私的祕密。

　　1960 年代中期，我的老朋友與研究夥伴之一包布洛（Daniel Bobrow）是 BBN 的研究科學家，BBN 公司位於麻州劍橋市，進行人工智慧、電腦網路和聲學方面的研究。包布洛告訴我，一名程式設計師為了讓伊萊莎在 BBN 的電腦上執行而努力地工作著，最後終於在星期六的凌晨五點完成，然後回家，讓程式在電腦上繼續執行。（在那個年代—— 1966 年這一年——根本沒聽說過個人電腦，只有先進的公司，例如 BBN，才會提供電腦給員工使用，這也是為什麼程式設計師不得不在晚上還繼續工作以獲得電腦的使用時間。）

　　之後包布洛所屬部門的副總在星期六上午來到公司展示電腦給客戶看。看到電腦正在運作，他認為包布洛是從家裡控制這台電腦，依照包布洛所說「選用我留下來執行的『顯而易見』溝通模式連結」和他聊天，於是這個副總打出了一些問題給包布洛。不過，包布洛正在家裡睡覺，接下來實際上是伊萊莎和副總之間的事情，而這些回答卻被認為是來自包布洛。

　　　　副總：我今天上午能夠使用這台電腦嗎？

　　　　伊萊莎：你要做什麼用呢？

　　　　副總：我可能要做一些額外的電傳交易。

　　　　伊萊莎：為什麼你不是很肯定呢？

　　　　副總：我未來的客戶從來沒有看過這個系統的展示。

伊萊莎：這對你很重要嗎？

副總：當然重要。

伊萊莎：看來你對這件事情很積極喔。

副總：真是荒唐。

伊萊莎：「真是荒唐」，你是什麼意思？

副總：有任何理由讓我現在不能用電腦嗎？

伊萊莎：關於你未來的客戶，請給我更多的資訊。

副總：請打電話給我：491-1850

　　在那個年代，電腦的功能不是很強大，伊萊莎程式判斷一個人什麼時候完成一個句子唯一的方式就是找到句號。在最後一行之前，那個副總每完成一個句子都有句號，但是最後一行他漏掉了。結果，電腦一直在那邊等待更多的輸入，所以並不會回答。包布洛後來告訴我，「這激怒了那個副總，他認為我在敷衍他，於是他打電話給我，把我從睡夢中叫醒，對我說：『你為什麼對我這麼無禮？』『說我對你無禮，你這是什麼意思？』我這麼回答。」接著，包布洛告訴我：「那個副總生氣地給我朗讀『我們』進行過的對話，卻從我這邊聽到笑聲而沒有回答，經過一段時間之後他才相信和他對話的真的是電腦。」

　　正如我和包布洛在討論這種互動時他告訴我的那樣：「你能夠看出他很在乎對他問題的回答，他所想到的是我的話影響了他的情

緒。」我們非常信任別人，這使我們容易被愚弄，並且在我們認為
沒有被認真對待時會感到很生氣。

伊萊莎有如此強大影響力的原因，與我在第 5 章中討論的人
類傾向於認為，任何類似智慧的互動一定是由人類或至少要有智慧
的存在：擬人論。而且因為我們相信別人，我們往往會認真對待這
些互動。伊萊莎是很久以前編寫的程式，但是創造它的韋津包姆，
卻對許多和這個簡易系統互動的人是如此認真對待這個系統感到震
驚。他的擔心導致他寫了《電腦的力量和人類的理性》（*Computer
Power and Human Reason*）一書，書中他非常中肯地指出這些淺
顯的互動對人類社會是有害的。

自從伊萊莎被編寫出來之後，我們已經又走了很遠的路。今天
的電腦比 1960 年代的電腦功能強大千萬倍。更重要的是，我們對
人類行為和心理的知識有了顯著的提昇。結果，今天我們能夠編寫
程式並製造不同於伊萊莎的機器人，它們有一些真正的理解能力並
能夠展現真正的情感。然而，這並不意味我們已經脫離了韋津包姆
的擔心。來看看「命運」（Kismet）吧。

圖 6.6 是「命運」的相片，它是由麻省理工學院人工智慧實驗
室的某個研究團隊研發的，在布莉齊爾的《設計社交機器人》（
Designing Sociable Robots）書中有詳盡的報告。

之前提過即使對於該語言完全不理解，也能探知談話時的基本
情緒。生氣、斥責、懇求、安慰、感激和讚揚的聲音都具有獨特的

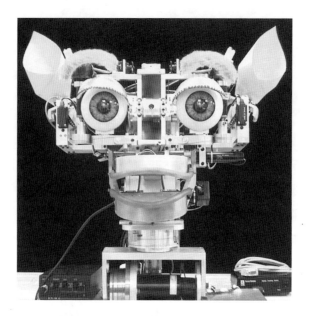

圖 6.6「命運」，一個設計用來進行社交互動的機器人，看起來有點嚇人。（圖片提供：
布莉齊爾）

音調和頻率。我們能夠說出某人正處於哪種情感狀態，即使他們是
說外語。我們的寵物經常能夠透過我們的肢體語言和聲音中的情感
模式來探知我們的心情。

「命運」利用這些線索來探測與它互動的人的情感狀態。「命
運」以攝影機當作眼睛，用收音麥克風來聽。它有一個精密複雜的
結構來解釋、評估和反應世界（如圖 6.7 所示），它結合了知覺、
情緒和注意力來控制行為。走向「命運」時，它會把臉轉向面對你
，用它的眼睛直接看著你。但如果你只是站在那什麼也不做，「命
運」就會感到無聊並且環顧四周。如果你說話，它會對聲音中有情
感的語調特別敏感，對鼓勵、有價值的稱讚表現得很喜歡且很高興

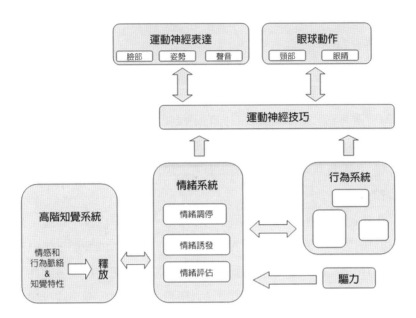

圖 6.7「命運」的情感系統。「命運」操作的核心是知覺、情緒和行為的互動。（經布莉齊爾同意後重新繪製並稍作修改，摘自 http://www.ai.mit.edu/projects/sociable/emotions.html）

，對斥責表現得害羞和憂傷。它的情緒幅度十分豐富，它能夠透過運動它的頭、脖子、眼睛、耳朵和嘴巴來表達情感。悲傷的時候，它的耳朵會低垂下來；興奮的時候，它就會重新振作起來；不高興的時候，它的頭下垂、耳朵鬆弛、嘴巴壓低。

和「命運」互動是個多采多姿的經驗。很難相信「命運」只有感情而毫無理智，你走向它，興奮地說話，向它展示你的新手錶，「命運」會做出適當的反應：它先看看你的臉，接著看看你的錶，然後再回到你的臉上，整個過程透過抬起它的眼皮和耳朵來表達它的興趣，並且表現出喜氣洋洋和活潑的行為。你想從你互動的對象那裡得到的只是你感興趣的反應，即使「命運」根本不理解語言或

你的手錶。它怎麼知道要去看你的手錶呢？它不知道，但是它回應你的動作，看著你抬起的手，當你的動作停止的時候，它感到無趣極了，並重新回來看你的眼睛，而它表現出興奮是因為探測到了你聲音的語調。

「命運」具有一些「伊萊莎」的特點。因此，儘管「命運」是個複雜的系統，具有身體（頭和脖子）和充當肌肉的多個馬達以及注意力和情緒的複雜內在模型，但它仍然缺乏真正的理解。因此，它向人們表現出的高興和厭煩只是對環境中的變化（或是缺少變化）的簡單程序反應，以及對動作和語音等物理特徵的反應。儘管「命運」有時可以讓人們著迷很長的一段時間，但這種著迷有點類似於「伊萊莎」：大多數的複雜互動其實來自於觀察者自己的詮釋。

「愛寶」是新力公司的電子寵物狗，具有的情感指令系統和智力不像「命運」這般複雜。儘管如此，「愛寶」也被證明了對它的主人有難以置信的吸引力。許多電子寵物狗的主人結合起來組成俱樂部，有些人甚至擁有好幾隻電子寵物狗。他們交換有關如何訓練電子寵物狗做各式各樣把戲的心得，他們分享想法和技術。某些人堅持認為，他們自己的電子寵物狗知道並且服從他們的命令，即使它其實做不到這些事情。

當機器表達情感時，它們提供了與人互動豐富且令人滿意的活動，即使大多數的豐富和滿意、解釋和理解都來自人的頭腦而不是人工系統。麻省理工學院教授、心理分析學家特克（Sherry Turkle

）總結了這些互動並指出：「這告訴你更多關於我們人類，而非關
於機器人的事情。」再次用到擬人論：我們在所有的東西上讀出人
類的情感和意願。「無論它們有沒有意識或智力，這些東西激勵著
我們繼續向前，」特克接著說：「它們促使我們承認事情彷彿是它
們做的，我們被設定好以一種照顧的方式對這些新的創造物進行反
應。關鍵在於這些東西需要你去培養它們，在你用心培養的時候它
們會成長茁壯。」

7

機器人的未來
The Future of Robots

　　科幻小說可以是發想點子和獲取資訊很有用的來源，因為基本上，它都會詳盡地描述劇情的發展。那些將機器人寫入小說中的作家就必須設想許許多多它們要如何進行日常工作和活動的細節。在鑽研探索機器人作為有自主性、有智慧，而且智商和能力等同於（或甚至高於）它的主人的這種人造物所涉及的各方面，艾西莫夫（Isaac Asimov）可說是最早開始思考這類事情的人之一。他寫了一系列的小說，分析機器人生活在地球上時將引起的麻煩。他深知機器人可能由於它的行動或甚至是它的未付諸行動，而傷害到它自己或是其他人。因此他發展出一套可能避免這些問題的基本原則，但是這樣做，他又發現它們之間經常會相互衝突。有些衝突還算簡單：假定要在避免傷害它自己或人類中做一個選擇，那麼機器人應該選擇保護人類。但是其他衝突就難以捉摸且難以解決了。最後，他提出了機器人三大定律（第一、二、三定律），並寫了一系列的故事來解釋機器人將會面臨的兩難處境，以及這三大定律如何讓機器人因應這些情況。這三大定律解決了機器人和人類之間的互動，但是當他的故事線索往更複雜的情形發展時，艾西莫夫被迫增加了一條更基本的處理機器人和人類關係的定律。這條定律非常基本，以至於它必須被最優先考慮；但是，因為他已經把另一條定律標記為第一條了，所以這第四定律不得不標記為第零條。

　　在艾西莫夫眼裡，不管是人還是工業的運作都出奇地拙劣，只有他的機器人還不錯。當我為了準備這一章而重新閱讀他的書時，

我為我對這個故事當初美好的回憶，和現在對它的反應之間的差距感到驚訝。他描寫的人是粗魯無禮、男性至上和天真幼稚的。他們好像無法彼此交談，除非當他們在互相侮辱、打鬥或是互相嘲弄的時候。書中的虛擬公司「美國機器人與機械人公司」，也是慘淡經營。它是詭密、受操縱的，而且不允許出錯的：犯一個錯誤，公司就會解雇你。艾西莫夫一生都待在一所大學裡，這也許是為什麼他對真實的世界有如此怪異觀點的原因。

不過，他關於社會對機器人的反應以及機器人對人類的反應的分析卻很有趣。他認為社會將會反對機器人，他也確實這樣子寫：「世界上大多數政府在 2003 年至 2007 年間會禁止使用任何目的的機器人，科學研究除外。」（但允許在探索太空和採礦方面使用機器人，並且在艾西莫夫的故事裡，這種活動在 21 世紀早期已被廣泛使用，這使得機器人工業得以倖存並繼續發展。）機器人定律試圖使人類安心：機器人不會是一個威脅，而且總是對人類有用。

今天，即使是我們最強大、最實用的機器人，也離艾西莫夫的階段很遙遠。沒有人類的控制和協助，它們不能長期運作。即使是這樣，這些定律也是檢查機器人和人類應該怎樣互動的最好工具。

艾西莫夫的機器人四大定律
第零定律：機器人不可以傷害人類，也不允許機器人在人類遭遇危險時毫無反應。

第一定律：機器人不可以傷害某一個人，或是在那個人遇到危
　　　　　險時毫無反應，除非這會違背機器人第零定律。

第二定律：機器人必須遵從人的命令，除非這些命令違背第零
　　　　　定律或第一定律。

第三定律：機器人必須保護它自己的存在，只要這種保護不違
　　　　　背第零、第一、第二定律。

　　許多機器已經把這些定律的主要部分預先內建到系統之中。讓
我們查驗一下這些定律要如何執行。

　　第零定律——「機器人不可以傷害人類，也不允許機器人在人
類遭遇危險時毫無反應。」這超出了現在機器人的能力範圍，基於
非常相同的原因，艾西莫夫在他早期的故事裡還不需要用到這個定
律：單單只是要確定當做出某個行動或不做出某個行動時，是否會
傷害所有人類，就已經相當複雜了，大多數人可能都沒有這樣的能
力。

　　第一定律——「機器人不可以傷害某一個人，或是在那個人遇
到危險時毫無反應，除非這會違背機器人第零定律。」這可以被稱
為「安全定律」。製造出會傷害人的物品就是非法的，更不用說是
不恰當的了。因此現在所有的機器人在設計時，都有多重安全保險
裝置，將它們的行為造成傷害的可能性降為最低。安全定律保證機
器人——和一般的機器——配置了許多安全保險裝置來防止它們的

行為傷害到人。工業機器人和家用機器人都有接近感應器和感受碰撞的裝置。甚至簡單的機械裝置，例如電梯和車庫門，都有阻止它們卡住人的感應器。現在的機器人都會嘗試避免撞上人或是東西。草坪割草機和吸塵器機器人都有感應裝置，使它們在撞上任何物體或太靠近邊緣（例如樓梯邊緣）時會停下來或是退後。工業機器人通常被柵欄隔開，這樣當它們在工作時，人類就不能靠近它們。一些機器人裝有探測的儀器，因此它們偵測到有人在附近時會停下來。家用機器人會配備很多用來把損害機率降到最低的機械裝置；不過多數家用機器人都會在可能造成傷害的當下，會因為動力不足而不至於造成傷害。此外，受雇的律師都會十分小心提防潛在可能的損害。有一家公司出售的家用機器人會唸書給小孩聽，還可以看家，並且在家裡四處走動，遇到意外狀況會拍下照片並通知它的主人，如果有必要的話會透過電子郵件（當然是透過無線網路，並在傳送訊息時附上相片）。儘管有這些特定的用途，但是機器人的使用說明上還是有嚴格的規定：使用時不能靠近孩子，也不能把它單獨留在家裡沒有人看管。

為了實施第一定律中規定的安全措施，人們已經投入了很大的努力。這方面的大多數工作可以看作是本能層次上的應用，當違背安全規則時，會用相當簡單的機械裝置來關閉這個系統。

第一定律的第二部分──「不允許在人遇到危險時毫無反應」非常難以執行。如果要判斷機器人的某個行為會如何影響人是很困

難的，那麼試圖判斷不做出行動可能會有什麼樣的影響，甚至是更困難的。這將由反思層次執行，因為機器人不得不做大量的分析和計畫，以確定不採取行動的時候是否會導致傷害。這超出了現有大多數機器人的能力所及。

　　儘管困難，但是已經有針對這個問題的一些簡單解決方法了。許多電腦都接上了「不斷電系統」，這可以避免在停電時遺失資料。如果電力供應中斷而且沒有採取什麼應變措施，就會出現損失。但是在上述情形下，當停電時系統會迅速採取行動，把電力供應切換到電池，把電池的電壓轉換為電腦需要的形式。它也可以設定成對用戶發出通知，並有充分的時間關機。其他還有一些安全系統則設計成當正常方法都失效的時候就會啟動。一些汽車有內置感應器，用來監視汽車的行駛路線，透過調整發動機的牽引力和煞車以確保汽車按照既定的路線行駛。自動速度控制裝置試圖與前面的汽車保持安全距離，車道改變探測器也在研究中。當交通意外事故可能因為沒有採取某個行動而發生時，所有這些設備都會保護汽車和乘客的安全。

　　現在這些設備都還很簡單，而且安全保護機制都是內建的。即使在這些簡單的設備中，依然可以看到對第一定律中毫無反應情形的初步解決方法。

　　第二定律──「機器人必須遵從人的命令，除非這些命令違背第零定律或第一定律。」這是關於服從人類，並和第一定律形成對

比，第一定律是關於保護人類的。在許多方面，執行這一條定律都是輕而易舉的，因為這是很基本的。現在的機器還不會獨立思考，所以它們必須服從指令：除了遵守給予它們的命令之外，它們沒有其他的選擇。如果失敗了，它們將要面臨最根本的處罰：它們會被關閉，送到修理廠。

機器可以為了保護第一定律而不遵守第二定律嗎？可以，但靈活度並不高。按下指令要一部電梯到你想去的樓層，如果它探測到有人或是有東西擋住了門，那麼它會拒絕執行。儘管這是執行這一定律最平常的方式，但當情況有點複雜的時候，這種方法是會失效的。事實上，在安全系統阻止機器執行命令時，一般來說人還可以越過安全系統而讓操作環境繼續。這正是許多在火車、飛機和工廠裡發生意外事故的原因。也許艾西莫夫是對的：我們應該把一些決定留給機器來做。

一些自動啟動的安全系統是這條定律中「毫無反應」這部分的例子。因此，如果汽車司機迅速踩煞車，只是沒有把煞車系統踏板踩到底，那麼多數汽車只會漸漸慢下來。然而，賓士汽車考慮到了這種「由於毫無反應所造成的傷害」，於是當它探測到一個快速的煞車行動，它會讓煞車打到底，自動設定駕駛人是真的想盡可能地趕快把車停下來。這是第一定律和第二定律聯合作用的結果：第一定律，因為汽車阻止了對汽車的傷害；第二定律，因為汽車違背了煞車只採到一半的「指令」。當然，這不可能真的是要違背指令：

機器人被設定成把煞車踩到底是主人的意圖，即使沒有得到主人的直接命令。也許機器人正在採用一項新規則：「按照我所想做的而做，而不是按我說的話做。」這是早期人工智慧電腦系統採用的一些舊觀念。

　　雖然在汽車裡應用的自動化煞車系統是對第二定律的部分執行，但是正確的執行應該是讓汽車先檢查前面的路面，然後為它自己決定應該要以多快的速度、多強的煞車，或是多大的方向盤角度來駕駛汽車。一旦這樣做了，我們才是真正徹底執行了第一和第二的定律。再次聲明：這些都將會被實現。一些汽車在它們太靠近前面的汽車時會自動慢下來，即使駕駛沒有執行讓汽車慢下來的操作。

　　我們還沒有遇到命令相互衝突的例子，但是很快地我們會有互動機器人，屆時，機器人的要求可能會與身為管理者的人的要求相衝突。那麼，決定先後順序及優先權將會很重要。

　　重申一次，這些只是簡單的例子。在艾西莫夫的設想中還有汽車拒絕駕駛人這樣比較複雜的情形發生：「對不起，但是今天晚上的路況太危險了。」我們仍然沒有到達這一地步，但是，我們將來會達到的，艾西莫夫的第二定律將會很有用。

　　艾西莫夫認為所有定律中最不重要的是自我保護這一條──「機器人必須保護它自己的存在，只要這種保護不違背第零、第一、第二定律。」因此它被列為第三條，在一系列規則中的最後一條。當然，由於現今機器的性能仍然有限，第一和第二定律其實很少被

用到，因之第三定律反而顯得相當重要，因為如果我們這個昂貴的機器人會損害或毀壞自己，那麼我們會為此非常懊惱。所以在許多現存的機器中，很容易發現這條定律的作用。還記得那些內建在吸塵器機器人裡的感應器，以防止機器人跌下樓梯的例子？還有，這個機器人——割草機器人也一樣——如何利用撞擊和障礙物探測器避免在撞擊中受到損傷的例子？此外，許多機器人會監控自己的電力狀態，在電力過低時會進入「睡眠」模式，或回到充電站充電。要解決與其他定律彼此間的衝突還沒有很好的方法，除非有操作人員在場，由他們決定是否在異狀發生時忽略安全指數。

艾西莫夫的定律目前還不能夠完全被執行，除非機器具有強而有力又有效的反思能力，其中包括了後設知識（meta-knowledge，對它自身知識的認識）對它自身的狀態、行為、意圖的自覺。這向人類提出了深奧的哲學和科學議題，並向工程師和程式設計師提出了複雜的執行問題。這一領域仍在發展中，雖然還很緩慢。

即使對於今天還算相當簡單的設備來說，擁有一些這樣的智慧能力也會是有用的。因此如果有衝突存在，違反命令就是一個明智的抉擇。飛機上的自動控制系統會觀察前方來偵測它們行進路線上可能發生的狀況，從而在會出現危險時改變路線。有些飛機真的曾經在自動控制狀態下，飛進了崇山峻嶺時，以這種能力挽救了乘客的性命。事實上，許多自動系統已經開始執行這類檢測控制了。

即使今天的玩具寵物機器人也帶有部分的自我意識。假設機器

人的操作是由它想和主人玩耍但同時也確保不會因此耗損完它的電量這樣的「意圖」所控制。當電量變低時，它會返回它的充電站，即使這時主人希望繼續和它一起玩。

在我們執行類似於艾西莫夫定律的規則時，最大的障礙是他關於自動操作和中心控制機制的基本假設，可能沒有辦法應用於現今的系統中。

艾西莫夫的機器人是獨立工作的。給機器人一個任務，它就會離開去做。極少的情況下，他會讓機器人以一個團體方式工作著，然後由其中一個機器人始終掌管這個團體。不僅如此，他從來不讓人和機器人形成一個團隊一起工作。但我們比較可能需要可以合作的機器人，在這種系統下，人和機器人或機器人團隊一起工作，就像一群人組成團隊為了一個任務在一起工作一樣。協同合作的行為需要一套不同於艾西莫夫的假設，因而協同合作的機器人需要可以提供充分交流各自意圖、當下狀態和具體進展的規則。

然而艾西莫夫主要的失敗之處在於他假設必須有人負責掌控。當他在撰寫小說時，很自然地他假設人工智慧需要有中央協調控制機制，同時這個機制下還有階層等級的組織結構。這是數千年來軍事化的組織方式：軍隊、政府、企業還有其他的組織。將同樣這套原理應用在所有智慧系統上的設定是很自然的，但這不是大自然的組織方式。在自然界的許多系統，從螞蟻和蜜蜂的行為，到鳥類的聚集，甚至到城市的擴展和股票市場的結構，都是由多個個體互動

的自然結果,而不是透過某種中央協調的控制結構。現代控制理論也已脫離了這種中央指揮站的假設。分散式控制是當今各種系統的一大特點。艾西莫夫假設一個中央決策機構在他四大定律的指引下決定每一個機器人如何行動。事實上,這很可能不是機器人工作的方式:這些定律會是機器人結構的一部分,分布到機器人機械裝置的許多模組中;遵從定律的行為則是在多個模組的互動下出現的。這是現代的觀念,在艾西莫夫寫作的時候還不能理解這點,因此也難怪他並沒有達到我們今天對複雜系統的理解層次。

但是,艾西莫夫依然領先於他所身處的時代,他想到了遙遠的未來。他的小說是在 1940 年代和 1950 年代寫成的,但是在由他的小說所改編電影《機械公敵》(*I, Robot*)中,引用了假想會在 2058 年出版的《機器人技術手冊》中提出的機器人三大定律;因此,他看到了一百多年之後。到 2058 年,我們也許真的需要他的定律。而且,正如上述分析所指出的,這些定律確實是重要的,今天的許多系統都在遵循它們,即使是不經意的。執行這些定律的困難之處在於如何處理因毫無反應而造成的損害,以及如何正確評估是要遵守命令,還是要避免對自己、他人或者人類的損傷。

當機器變得更有能力時,當它們能接管越來越多的人類活動,自動工作而不用受到直接的監督時,它們也將會面對法律問題;在意外事故發生時,要由法律制度設法釐清過失歸屬。在這種情況出現之前,先擬出一些倫理規章是有用的。現在已經有一些應用於機

器人的安全守則，但是它們非常簡單。我們需要的會更多。

現在就來思考智慧型及有情緒的機器未來將會造成的難題並不算太早。有許多實務的、道德的、法律的和倫理的問題要思考。很多問題依然是在遙遠的未來才會面臨，但這是現在開始考慮的一個很好的理由──如此一來，當問題出現時，我們已經做好了準備。

有情感的機器和機器人的未來：涵義及倫理議題

發展出一些將會接替現在由人負責的工作的智慧型機器人，具有重大的倫理和道德涵義。特別是當我們談論到這些仿人機器人具有情感，同時人們可能對它們形成強烈的情感依附時，這一點更為重要。

有情感的機器人會有什麼樣的作用呢？它們將如何與我們互動呢？我們真的需要那些自動化、自我管理的、有高度行為自由的、高智能的、有情緒情感的機器嗎？我認為我們確實需要，因為它們可以提供很多的好處。但很顯然地，當它們擁有了所有的技術時，它們也是危險的。我們需要確保人類可以一直維持著監督和控制，同時確保它們妥善地提供人類服務。

機器人教師會取代人類教師的地位嗎？不會，但是它們可以輔

助教師。而且在毫無選擇的情況下它們會是足敷使用的──比如在旅行時、在偏遠地區，或在一個人想研究某個主題卻一時找不到教師時，機器人教師使人們還能夠享有學習。機器人教師有助於實現終生學習。學習應該在需要的時候、在學習者感興趣的時候發生，而不應該根據一些武斷的、固定的學校課表來進行。

許多人被這些可能性所困擾著，以至於他們把智慧型機器人當作不道德又邪惡的東西，而立即拒絕。雖然我不那樣做，但是我對他們的擔憂感到同情。然而，我明白智慧型機器人的發展是必然的，也是有益的。好處在哪呢？在以下的領域中：執行危險的工作、駕駛汽車、駕駛商船、教育、醫療，以及接管例行事務等等。道德和倫理問題出在哪裡呢？相當多的問題就出現在上面列舉的活動清單中。下面讓我更加詳盡地探究有益的面向。

想像一下一些必然會有的益處。機器人能夠──在某種程度上已經如此了──被用在危險的任務中，而由人完成這些任務卻會有生命危險。這包括搜救工作、探險和採礦。而問題又出在哪？主要問題有可能來自於機器人的使用增加了違法或不道德活動的機會：搶劫、謀殺和恐怖主義。

機器人汽車會取代人類駕駛員嗎？我希望是如此。每年在交通事故中有數萬人死亡，數十萬人受重傷。如果汽車像商務飛機一樣安全不是很好嗎？在此，使用自動化交通工具可以是一個很好的解決方案。而且，自動化交通工具能夠在駕駛時相互靠近一點，幫助

紓解擁擠的交通，而且它們能夠更有效率地駕駛，幫助解決一些與駕駛相關的能源問題。

駕駛汽車出奇地簡單：大多數時間只需要很少的技巧。結果，很多人會產生安全和自信的錯覺。但是當危險出現時，它會出現得非常快，以至於那些被分了心的、不太熟練的、未經訓練的人，以及那些被毒品、酒精、疾病、疲勞或者睡眠不足侵擾而暫時能力受損的人，常常不能及時作出適當的反應。即使是經過良好訓練的職業駕駛員也會發生事故：自動化交通工具不會減少所有的事故和傷害，但是它們能夠大量減低當前的損害。是的，一些人真的喜歡駕駛這項運動，但是這些可以在特殊的道路、娛樂區域或賽車道上進行。日常駕駛的自動化會使一些大眾交通工具的駕駛失去工作，但是整體而言，則可以挽救生命。

機器人教師在改變我們的教學方式上有很大的潛力。現今的模式通常是：一個學者在教室前面講課，強迫學生聆聽他們不感興趣的教材，而那些教材和他們的日常生活又毫不相干。從教師的角度來看，演講和教科書是最簡單的教學方式，但是對學生而言卻是效率最差的方式。當具有良好學習動機的學生因為一個主題而感到興奮，然後為相關的概念努力學習，學習如何把這些概念應用到他們感興趣的問題上時，才會是最有效的學習。是的，努力學習：學習是一種積極的動態過程，努力學習是其中一部分。但是只有當學生關注於某事時，努力學習才是愉快的。這其實是優秀的教學法已採

用的方式——不是透過講課，而是透過訓練、教授和指導。這是運動員的學習方式。這同時也是電玩遊戲的魅力所在，只除了在遊戲中學生所學習到的東西很少具有實用價值。這些方法在學習的科學（learning science）中相當出名，這也是有些人所說的問題導向的學習、探究式學習或建構學習。

這是情感起作用的地方。當引起學生的動機時，當他們關心某事時，他們會學得最好。他們需要感情的投入，他們需要為這個問題而興奮。這就是為什麼範例、圖表、插圖、影像及生動的說明會那麼有效的原因。學習不需要使用沉悶乏味的練習，甚至不需要使用一般認為是沉悶乏味的主題：每個主題都可以使人感到興奮，每個主題都可以使人情緒激動，那麼為什麼不使每個主題都讓所有人興奮呢？該是讓課程變得活潑的時候了，該是把歷史看作人類奮鬥過程的時候了，該是讓學生理解並欣賞藝術、音樂、科學、數學的時候了。如何讓這些主題變得讓人興奮呢？可以把它們與每個學生各自的生活聯繫起來。這經常是讓學生直接應用他們學到的技巧最有效的方法。開發出會振奮人心、融入情感並能有效學習的體驗真的是設計上的一大挑戰，值得世界上最厲害的天才來接受挑戰。

機器人、機器或電腦對教育有很大的幫助，它們可以提供激勵性及問題導向的學習架構。電腦學習系統能夠提供模擬的世界，在那裡學生可以研究科學、文學、歷史、藝術中的問題。機器人教師可以使搜尋世界上的圖書館和知識庫的工作變得容易。原來的那些

老師不需要再講課了，而是以教練和指導者的身分，把時間花在幫助教導各個主題，還有該如何學習達到最佳效果，這樣會讓學生終生都能保有他們的好奇心，以及在必要時候具有自我學習的能力。具教師身分的人仍然是必須的，但是相對於今天的教師而言，他們可以扮演不同的，更具支持性和建設性的角色。

此外，雖然我堅信我們能夠開發出高效能的機器人教師，甚至會和史帝芬森的《年輕女性的圖解讀本》一書一樣有效，但我還是深信我們不必放棄具有教師身分的人：自動化教師──不管是書、機器還是機器人──應該做為教師的輔助者。甚至史帝芬森在他的小說中也說他的那位明星學生對真實世界和真正的人一無所知，因為她花費了太多時間在這本讀物的幻想世界中。

醫療機器人？是的，它們能夠被用到醫療的所有領域。然而，和其他的活動一樣，我預言在醫療上它們將是以合作的方式，和經過良好訓練的醫療人員以及專門性機器人助手一起工作，以增加照護品質和可靠性。

眼睛的雷射手術現在幾乎完全由機器控制，其實任何需要高度精密的活動都可以選擇由機器操作。機器診斷疾病則稍微困難些，我猜有經驗的醫師還是一直要參與其中，但是他們會得到動態智慧型機器的幫助，這些機器能夠對包括先前病例、醫療紀錄、醫療知識和藥物資訊的巨大數據進行評估。當大量快速增加的新訊息使醫師無法承受時，機器人的援助就是必要的。此外，當我們得到更好

的診斷工具——更有效的體液和生理指標紀錄分析、DNA 分析和各式各樣的身體掃描——其中有些訊息會從病人家中甚至是工作場所定期收集而來傳遞到診療室,也只有機器才能跟上訊息的節奏。人類善於綜合推理,善於做有創造性的動態決定,擅長於掌握整體把握全局,而機器則善於在大量的疾病和訊息文件中進行快速搜尋,而且不受人類記憶會有的偏見影響。受過訓練的醫師和機器人助手組成的團隊將會遠勝於他們各自單獨工作。

當然,一個普遍的擔心就是機器人將從此接管許多例行性工作,因此會導致很多人失業和社會混亂。是的,越來越多的機器和機器人將接管人的工作,不僅是低階技術人員的工作,而且是越來越多各行各業的例行事務,包括一些管理工作。綜觀歷史,每一次的新技術浪潮都會撤換掉一些工人,不過,最後結果都增加了每個人的壽命和生活品質,最終也增加了就業機會——雖然本質上會和以前不同。然而在過渡時期,人們會被免職和解雇,因為新工作要求的技術經常和那些被免職的人具備的技術有很大的差距。這是一個必須要面對的重要社會問題。

在過去,多數被自動化技術取代的工作是低階的工作,是不需要很多技巧和教育來完成的工作。然而,到了未來,機器人可能會接替一些高階技術的工作。電影演員會被那些由電腦所創造的人物取代嗎?它們說話和行動就像真人一樣,只是更多是在導演的控制之下?機器人運動員會參加比賽嗎?就算不是和人,而是在它們自

己的社群裡，但是這仍會導致各種人類的職業運動比賽消失嗎？這種情況也很可能會出現在棋藝比賽裡，因為電腦棋手甚至可以和最好的人類棋手下棋競爭。另外像會計、簿記、製圖、股票管理或甚至是簡單的管理工作又會怎麼樣呢？這些會被取代嗎？是的，所有這些都是有可能的。機器人音樂家？機器人還可以做很多工作，甚至有引起社會動亂的危險。

當機器人被用來進行類似於太空探險、危險的採礦或搜救任務之類的活動時，甚至當它們在屋裡做一些簡單的事情時——例如吸地板或其他家務雜事——往往不會造成太多的社會壓力。但是當它們開始接管大量的工作或把許多人的例行活動取代後，那麼確實會衍生出真正的擔憂，而可能引起嚴重的社會問題。

我相信我們應該歡迎那些可以消除工作中沉悶厭煩的機器，做那些無趣冗長的文書工作可能甚至比做許多低報酬的例行性服務工作更沒價值。當然，這種歡迎假設機器會使人們更自由，讓人們可以從事更有創造性的活動，在那些活動中他們可以更快樂更有效地發揮他們的聰明才智。

我曾經拜訪過世界上許多貧窮、飢荒不斷和高死亡率的地方，這讓我質疑當今一些社會制度的優點。我參觀過印度的絲綢工廠，在那裡的小女生被鎖在廠房內，被迫從早到晚編織絲綢，禁閉在那裡而不能離開——如果沒有人從外面打開門的話，即使火災也沒辦法逃離那棟建築。我對歷史的研究讓我知道這種不公平、野蠻、冷

酷的對待並不罕見，而且遠遠早於現代科技的發展。

　　是的，我看到了使用智慧型機器和機器人的弊病，我也看到了使用它們的優點。如果你願意，你可以說我是個樂觀主義者，我相信最終人類的創造力——我們在創造功能強大的設備時表現出來的創造力——同時會透過創造更豐富、更富有啟發意義的活動來為我們所有人服務。樂觀主義並沒有使我對今天生活中的不公平和存在的問題缺乏判斷力：樂觀主義反映了我的信念，也就是我們能夠在未來戰勝它們。是的，我們仍然有貧窮、飢餓、政治上的不公平和戰爭，但是這些很多是由人類的邪惡而非我們的科技所造成的。我看不出來如果引進聰明、有情感的機器人和機器會讓這種情況產生什麼改變，不管是變得更好或變得更壞。為了改變邪惡，我們必須直接面對邪惡。這是一個社會的、政治的和人類的問題，而不是一個科技問題。當然，這樣做既沒有將問題縮小，也沒有使我們可以從尋求解決方案中逃脫出來。但是解決方案一定是社會和政治的，而不是科技的。

　　如果我把這種觀點擴展到這個短暫的時代之外，事情甚至會變得更複雜。在某些方面，機器人和其他的一些機器通常會變成真的具有自主性。這是很久以後的事了，也許是幾個世紀以後，但是它會發生。那麼，當許多或所有人類的工作——包括種田、採礦、製造、物流及銷售——都能夠由機器人做的時候，確實會對人類的生活產生更大的影響。還有教育和醫療方面的工作，甚至是藝術、音

樂、文學和娛樂方面的工作。機器人就可以製造機器人，從這一點
來看，自然界的動物和機器人的關係將變得極為複雜。這一複雜程
度還會被擴大，因為許多人事實上是半機械人──一半是人，一半
是機器。人工移植已經存在了，像是義肢、義眼等；但是一些人則
談到要根據要求而進行移植，最好能增強自然能力。肢體力量、競
技能力、感覺能力、記憶能力、決策能力都能夠透過植入電子的、
化學的、機械的、生物的或奈米技術的裝置而增強。類固醇被用來
增進運動員既有的力量，許多運動員和飛行員做了眼角膜雷射手術
來提高視力。我眼睛上的人工水晶體──在做白內障手術後植入的
──讓我有了比以前更好的視力，唯一的問題是我的眼睛還是不能
改變焦距。但是有一天，人造水晶體將能夠變焦，甚至可能比天然
的還好，在正常視力之外也許能夠提供遠視功能。當這些都實現的
時候，即使是沒有白內障的人也可能把他們正常的水晶體換成更有
效的水晶體。這種可能性引起了複雜的倫理問題，而這些問題已經
超出了這本書的範圍。

　　不過這本書確實把重點放在情感和它們在人造裝置發展中的作
用，以及人類在情感上對他們的所有物、他們的寵物和他們彼此之
間的依附關係上。機器人可以擔當這一切。首先，機器人將會是所
有物，但是具有明確的個人情感的所有物。因為如果一個機器人伴
隨你大半生，能夠與你互動，回憶你的經歷，給你提供建議，或是
甚至只是給你解悶，你也會對它們產生強烈的情感依附。即使是今

天的電子寵物，雖然它們可能比較拙劣，但是它們已經在主人那裡喚起了強烈的情感。在未來的幾十年裡，電子寵物可能會具有真實寵物的所有屬性，並且在許多人看來，會比真實的寵物更好。今天，人們虐待和丟棄他們的寵物，許多社區都有流浪貓和被丟棄的狗的收留站。也許同樣的事情也會發生在機器人身上。誰在法律上負責照料和維護它們呢？如果電子寵物傷害了人又怎麼辦呢？誰要負法律責任？是機器人？還是它們的主人？還是設計師或製造商？如果是真的寵物，那麼當然由主人負責。

最後，當機器人作為獨立的、有情感的、有自己的希望、夢想和渴望的生命存在時，會發生什麼事呢？我們會需要一些類似艾西莫夫的機器人定律的東西嗎？那些就足夠了嗎？如果電子寵物會造成損害，那麼有自主性的機器人又可能會做出些什麼呢？而如果機器人引起了損失、傷害或死亡，那麼責任將歸屬於誰？又將請求賠償什麼？艾西莫夫在《機械公敵》的原著小說中提出這樣的結論：在未來，機器人將會接管世界，人類將會失去發言權。這是科幻小說嗎？是的，但在所有未來的可能性成為事實之前，它們本來就都是虛構的。

我們處在一個嶄新的時代，機器已經相當聰明，而且將變得更聰明。它們正在發展運動的功能，很快地會擁有情感和情緒。正面的影響會是巨大的，而負面的結果也值得注意。這是所有科技都具有的特點：它是一把雙面利刃，總是結合了潛在的益處和缺陷。

後記：
我們都是設計師

Epilogue: We Are All Designers

　　我曾經做過一個實驗，我在一些網路論壇發起一個主題，請人們列出他們喜愛、憎恨，或既喜愛又憎恨的產品或網站的例子。我收到了大約 150 封的回覆信件，許多信件熱情洋溢，每封信都列舉了一些項目。如意料中的，這些回信非常偏重科技方面，因為那是多數回信者的工作領域，不過科技卻不是排行最高的。

　　這種調查有個問題是「太明顯反而沒注意到」的效應，正如古老的民間故事敘述的那樣，魚兒是最後一個看見水的。因此，如果你希望人們描述在他們的房間內看到了什麼，他們往往把最顯而易見的事物遺漏掉了：如地板、牆面、天花板，有時候甚至是窗戶和門。同樣地，人們可能不會說出他們真正喜歡的，因為可能與他們太過親近，已經融入生活中。以此類推，他們可能會漏掉不喜歡的事物，因為它們不在現場。不過我仍然發現這些回覆很有趣，以下是三個例子：

　　　　日本具良治廚刀──美觀、實用、簡潔。握起來和用起來都令人開心，我把我的刀子放在我的枕頭下面（嘿！純開玩笑的啦）。

　　　　我的這隻 pièce de résistance 手錶是喬治傑生（George Jensen）設計的：純銀的寬大鏡面，有兩條錶鍊，不過沒有數字標記。錶鍊是不完全閉合的，只蓋住你手腕的四分之三，

非比尋常且十分漂亮。（這個設計為現代藝術博物館典藏。）
附帶說明一下，在我購買之前，至少在巴黎瞪著它發呆有六
年之久了。

我的福斯金龜車——喜愛它的簡潔、實用，一加侖汽油可開
很長的里程，小巧的設計可以停在任何地方，而且駕駛起來
充滿樂趣。但是，我不能容忍愚笨的座位升降把手，它讓我
發瘋。（前座升降把手裝在「錯誤的」位置，沒有一個人能
「正確地找到它」。）

喜愛它、憎恨它、對它漠不關心，我們與日常用品的互動以非
常不同的方式反映了設計的三個層次，我們喜歡的東西包含了這三
種設計形式所有可能的結合。許多產品只是因為它外觀的本能效果
而受到人們的喜愛：

為一台 iPod 砸了 400 美元之後，我幾乎不再關心拆開包裝
後的產品，因為這是多麼美妙的一件事呀！（iPod 是蘋果
電腦的音樂播放器。）

我購買了一輛福斯 Passat，因為車內的控制器用起來和看起
來都令人開心。（晚上坐進這樣的一部車裡，儀表版上的燈

光居然是藍色和橙紅色的。）它讓開車變得更有趣。

還記得第3章中提到的那個人嗎？他購買礦泉水只是因為瓶子很好看，那種反應當然屬於這種類型：

> 記得有一次我猶豫要不要購買愛寶琳娜（Apollinaris）的經驗，這是一種德國礦泉水，當時純粹只是因為我覺得將它放在我的架子上會很好看。打開後發現它真的是非常好的水，但是就算它沒那麼好我還是會買。

許多產品受到喜愛，只是因為它們行為層次的設計——也就是它們的功能和效用、易用性和實用性，以及生理上的感覺：

> 我也喜歡我的OXO蔬菜處理機。它處理茄子、花椰菜和其他任何我扔給它的東西，並且處理起來漂亮又俐落。
>
> Lie-Nielsen手刨：我可以刨平槭樹，做出平坦光滑的表面，而大多數的刨子只會撕裂木塊。
>
> 開罐器：你可能想起帕波內克（Victor Papanek）的書《東西怎麼不能用》（*How Things Don't Work*）。這本書提到一

個開罐器，我在幾年前終於找到它──由瑞康（Kuhn Rikon）公司重新生產，成為他們的 LidLifter 開罐器。簡單地說，它透過撕開罐蓋接縫處來打開罐頭，而不是從上面切斷。使它成為一個好產品有許多原因，不過它是一個我真心希望使用的工具。用手操作、幾乎不需要清洗、適合我的手、可勝任它的工作、放在抽屜容易拿取，就像廚房用品應該有的特性那樣，是一個稱職的僕人。

Screwpull 槓桿式葡萄酒開瓶器。向下推，然後向上拉：軟木塞在瓶口中滑動。再向下推，握緊然後抬起，軟木塞離開了螺絲錐。真奇妙啊！我擁有它的那天，連續開了三瓶酒，因為它是這麼有趣。

反思層次的設計也有一個重要的作用，下面是信任、服務以及只是純然有趣的例子：

我的 Taylor410 吉他。我相信我的吉他，我知道當我要彈高音時它不會嗄嗄叫，也不會走調；琴頸上的弦距讓我可以演奏我在其他樂器上演奏不了的和弦和單音。

我還會向人講述幾年前我在奧斯汀四季飯店的經歷。我辦理

住宿手續，在床上找到了一本電視導覽，有一個書籤放在當日節目的頁數上。

就只是有趣而已又如何呢？我剛剛得到一個紀念杯，只有當杯子裝著熱飲時，它的裝飾才看得到：它上面覆蓋能感熱的釉，在室內溫度下它是深紫色的，但受熱後會變成透明的。它還是實用的：我只要看一眼就知道咖啡什麼時候不能再喝了。形狀也很好看，我想得到它，因為它結合了所有這些元素，現在已經變成我的標準咖啡杯了。不是非常美麗——不過也很接近了。

每次我瀏覽網站時，讓我臉上出現笑容的是 Google 網站上的標誌，它像一部小卡通隨著當下的狀況而改變。在萬聖節會有一個小鬼從 o 這個字背後偷窺，或在冬天會有一些雪覆蓋在它上面，我都非常喜歡。

也許人們最大的熱情是表現在提高社會互動和群體感的通訊服務上，人們都很喜歡即時通訊的工具：

我無法想像生活中沒有它的樣子。

Google 遇上節日時的標誌。
Google 在年末假日很幽默地變換了它的標誌。（圖片提供：Google）

即時通訊是我生活中不可或缺的部分。有了它，我與世界各地的朋友和同事有了連接起來的感覺；沒有了它，我覺得彷彿通往我的世界的一部分窗口被關閉起來了。

電子郵件很少被提及，在某種程度上是因為它對這些科技專家來說就像水一樣普通，不過一談到它，卻有既愛又恨的反應：

如果我不能收信，那麼我會覺得與文明世界隔絕了，我收到大量電子郵件並感到有義務回覆它們，這幾乎讓郵件登上既愛又恨的名單，在反思上我可能憎恨大量的郵件，但是我喜歡朋友和家人的郵件，這變成了一件很為難的事。

家電和個人電腦看起來都不討人喜歡，有人說：「我房間內的所有電器幾乎都設計得很糟糕。」另一個人說：「關於個人電腦，幾乎沒有什麼令人高興的。」請記住，這些回覆的人都是科技專家，他們多數人在電腦和網路行業中工作。

最後，某些物品儘管有缺點，但它們還是受人喜愛。因此，儘管有「愚笨的座位升降把手」，那位回覆者還是喜愛福斯汽車。請想一想下面這位回覆者對他的義式咖啡機的喜愛，儘管它很難用（請注意，這一則回覆來自一位易用性設計專家）。事實上，缺乏易用性反而會有一些反思層次上的吸引力：「只有真正的專家——像我這樣——才能正確使用。」

> 我喜愛我的義式咖啡機，令人奇怪的是：不是因為它容易使用（它不是很好用！）而是因為它能做出很棒的咖啡，只要你知道怎麼做的話。這需要技巧，而且成功運用這個技巧很受人稱讚。

一般說來，這些反應表示人們可以對他們的擁有物、他們使用的服務，以及他們生活中的經歷充滿熱情。提供特殊服務的公司獲得了這個好處：在四季飯店特別的個人感觸，在她的床上發現電視導覽、翻到正確的頁數，促使有反應的人對她所有的朋友訴說。有些人和他們的物品建立的連結：一把吉他、個人網站和透過網站結交的朋友、廚刀的感覺、一把特別的搖椅。

在我的這個非正式的研究中，我得出我們喜愛和憎恨物品的某些方面，但也錯過了一些真正喜歡的物品，即我在第 2 章中討論的由契克森米哈賴和羅奇柏格—哈爾敦在他們的研究《物品的意義

》中描述的那些物品。他們發現了一些珍貴的產品，像是最喜愛的一套椅子、家人照片、室內盆栽和書籍。我們都忽視了活動這個類別，像我們喜愛或憎恨烹飪、運動或聚會。我們這兩個研究都指出，在生活中我們對特殊物品和活動形成了真正強烈的情感——有時喜愛，有時憎恨，但都富有強烈的情感連結。

個性化

量產的東西怎麼會有個人意義呢？這真的可能嗎？讓某個東西個性化的屬性正好是那些不能事先設計出來的東西，特別是在量產的情況下。製造商正在嘗試，許多廠商提供了訂製服務，許多廠商允許特殊的訂單和規格。而且，許多廠商提供了可變通的產品，一旦消費者購買之後，可以自行調整和修改它。

許多廠商已經設法透過允許顧客「客製化」他們的產品，來克服他們供應的產品總是千篇一律的問題，這通常是指消費者可以選擇顏色，或在一系列的配件和需額外付費的特別款式中選擇。手機可以換上不同面板，於是你可以換成不同顏色或設計——或者自行彩繪。有些網站的廣告說你可以設計自己的鞋子，雖然事實上你真正可選擇的不過是在有限的大小、款式、顏色和材質（例如：皮革或布料）上挑選。

　　單獨製作一個人的衣服是可能的。過去是由裁縫師根據適合你的尺寸和喜好製作衣服。結果衣服很合身，但是這一過程非常冗長，且勞力密集，因此也會很昂貴。但是，如果允許用機械技術來訂做所有物品——有點像是從裁縫師那邊得到的適合個人的服裝，但是卻不用延遲時間並花費更多金錢——那會怎樣呢？這個想法大受歡迎，有些人認為，按訂單製造——大量客製化——會擴展到所有的東西，包括：衣服、電腦、汽車、家具。所有的東西都會製成特殊的規格：指定好規格，等上幾天就做好了。幾家服裝製造公司已經試驗用數位相機來測量一個人的尺寸，用雷射來裁剪布料，然後在電腦的控制下加工產品。有些電腦製造商已經用這種方式進行，即只有在有訂單時才裝配產品，使用者可以接著根據他們的意願配置產品。這對製造商也有好處：只有產品被訂購之後才進行加工，這意味著不需要產品庫存，進而大大降低了庫存成本。當加工過程是為大量客製化而設計時，個人訂單可以在幾小時或幾天內製造出來。當然，這種形式的訂製是有限制的，你不能透過這種方式設計一種全新的家具、汽車或電腦，你可以做的就是在一套固定的選項中挑選。

　　這些客製化會引起人情感上的注意嗎？實際上不會。儘管衣服可能更合身，家具也可能更符合某些需求，但是兩者都不能保證有情感上的依戀，單憑我們從目錄中進行一些選擇，物品不會變成個人的。讓某個東西成為個人的，是指它能表達某種擁有感和自豪感

，具有一些個人感情。

我們透過選擇放置在家裡或工作地點的物品，以及如何擺放和使用它們來使家裡和工作地點個人化。在辦公室裡，我們整理辦公桌、檯面和椅子，在牆壁和門上貼上照片、圖畫和海報。

甚至我們不喜歡的產品也可以提供一種個人的補償感：例如，一張圖畫或一把椅子是特殊的，因為以前非常討厭它——或許是從前非常討厭的家庭成員留下來的遺物或禮物，但是現在別無選擇，只能微笑著面對並保留它。於是，在團圓的家庭聚會中，某個家人可能深情地記起那些不喜歡的圖畫或椅子從前是怎樣佔據了一部分房間。儘管看起來有點自相矛盾，但是共享常見的負面情感可導致與會者正面的聯繫：昨日憎恨的東西驅動了今日喜愛的體驗。

決定出想要擺設所擁有的東西的方式，經常是個漸進的過程，而不是刻意計畫的過程，我們不斷進行著小範圍的調整。我們可能移動一把椅子讓它靠近燈光，把我們閱讀的書籍和雜誌放在椅子附近，又搬來一張桌子擺放書報。隨著時間過去，家具和擁有物也為了配合居住者而進行調整，這個安排對它們和它們的功能來說是獨特的。當功能和居住者改變時，房子的佈置也會有所變動。其他人搬進來住時，可能不覺得這適合他們的需要——它已經變得個人化了，適合某個人或某個家庭——一種不能轉移給他人的品質。布蘭德（Stuart Brand）在《建築物如何學習》（*How Buildings Learn*）一書中指出，建築物也可以改變：當不同的居住者發現他們的需要

不再能夠得到滿足時，他們會改變這個建築的結構來滿足新的需求，經常會讓一個沒有個性的建築變成一個與眾不同的建築，使其具有當下居住者的個人價值和意義。

物品自己也會改變。鍋具會碰撞和燒焦，物品還會破裂和打碎。儘管我們可能會抱怨裂痕、缺角和污點，但是它們也使物品變成個人的——成為我們的。每件產品都是特別的，每道裂紋、每處焦痕、每個缺角和每次的修理都蘊含了一個故事，正是這些故事讓東西變得特別。

在寫這本書時，我遇見布萊德里（Paul Bradley），IDEO 這家美國最大設計公司的主管。布萊德里希望能夠設計出反映主人經歷的東西。他在尋找材料，這種材料會適度老化以展現使用的痕跡，但是會以一種愉悅的方式，而且會把一個從商店買來的量產產品變成個人的產品，而使用的痕跡會更增添它的質感和魅力，這對主人來說是獨特的。他給我看了一條藍色牛仔褲的照片，隨著使用它會自然地褪色，在前面的口袋上有一個長方形褪色的補丁，穿褲子的人會一直用這個口袋放錢包。我們討論了自己家裡廚房用具上的撞痕，以及它們如何增加了吸引力。我們談到最喜愛的書籍在磨損後和在閱讀時做了標記會更令人舒服，而做記號和劃線又增強這一舒適程度。而且，他給我看了他的 Handspring PDA ——由 IDEO 設計，並且告訴我他怎麼樣故意把它扔在地上並撞擊它，來觀看這些磨損是否增添了個人的歷史和魅力（然而實際上並沒有）。

訣竅就是讓物品適度老化，和它們的主人一起以一種快樂的個人方式變老。這種個人化帶有巨大的情感訊息，豐富了我們的生活。這是和大量客製化截然不同的東西，大量客製化讓使用者可以在一套固定的選項中進行選擇，但幾乎沒有或根本沒有真正的個人關聯性，幾乎沒有或根本沒有情感價值。情感價值，可說是目前產品設計上極具價值的目標。

客製化

透過購買一個製造好的物品來滿足我們的需要，與由我們自己製造產品來滿足需要之間有一種張力。大多數的時候我們不能製造自己需要的物品，因為我們沒有工具和專門的技能，再說我們也沒有時間。但是，當我們購買其他人的物品時，很難有機會滿足我們準確的需求。製造量產的產品又要恰好滿足每個人的需要是不可能的。

處理這個問題有五種方法：

1. **容忍它**。儘管相對便宜的量產產品從來都不是我們最需要的，但是它相對較低的價格對我們有好處。

2. **客製化**。假如每件物品都設計得非常有彈性，可以根據需

要而修改，這樣可以解決問題嗎？困難在於訂做某個產品比你可能知道的困難要多得多。看一下現在的電腦軟體，你就會立即明白一個問題：我的軟體提供了各式各樣的客製化操作——多到我想要它們的時候甚至找不到，多到要學習怎麼進行客製化本身就是一個令人害怕的工作，而且，這些訂製總是不能獲得滿意。我做的每件事都更複雜，因為我必須一直在眾多的選項中進行選擇，我真正想訂製的東西——我特別的打字、拼寫和格式習慣——都不能訂製。

正確的客製化不能讓一個已經存在的複雜系統更加複雜，正確的客製化是結合多個簡單的系統而產生的。如果有東西總是非常複雜，以致額外需要多種「偏好」或訂製選項，那麼可能會太複雜以致無法使用和維持下去。我不會客製化我的鋼筆，不過我會客製化使用它的方法。我不會客製化我的家具，不過我確實會透過先買哪些東西、把它放在哪兒、什麼時候使用它和如何使用它來客製化。

3. 客製化的量產。正如我剛才提到的，依訂單生產產品是可能的。顧客得到符合他們品味的產品，而且成本會比較低，因為它不需要囤積那些沒有賣出去的昂貴庫存。然而，因為客製化的範圍限制在諸如零組件、配件和顏色等選擇方面，這種訂製距離個性化還很遙遠。

不過，這個趨勢會繼續下去。在未來，一個設計的主體部分、外殼和其它部分會根據訂單打印、沖壓、切割或成型。高效率的生產線能把客製過程的架構組織起來。選擇的項目可以擴大，製造技

術讓增加客製的範圍變為可能。這就是未來。

4. 設計我們自己的產品。據說在「美好的昔日時光」，我們既可以製造自己的物品，也可以到當地工匠那邊製作我們所需規格的物品，我們經常可以觀看製作過程。有些人仍然懷念以前有民間工藝的日子──例如，看看西摩（John Seymour）在他的《被遺忘的藝術和工藝》（*Forgotten Arts and Crafts*）一書中對那些日子的美好描寫。但是，當我們的需要變得更加複雜之後，特別是在技術日新月異和訊息豐富的時代中，夢想我們多數人具有設計和製作日常必需品的技術和時間是不可能的。不過，要追隨這一路線也不是完全不可能，那些追隨的人會有許多好處，有些人對自己的衣服加工並且製作家具，許多人整理和維修花園，有些人甚至建造他們自己的飛機和遊艇。

5. 改裝購買的產品。這可能是讓購買的產品個性化最受喜歡且應用最廣泛的方法。哈雷機車在這一方面很出名：人們購買一輛摩托車，然後立刻把它送到專門的改裝設計師那裡，他會完全改造它，這個改造有時候比機車本身還要昂貴（機車已經很貴了）。因此，每輛哈雷機車都是獨特的，而且主人以它們獨特的設計和塗裝而自豪。

與此類似，現在在汽車裡裝上傳統音響是一門規模不小的生意，驕傲的主人在地方聚會或競賽時會炫耀他們的音響系統。客製化的汽車也是一樣，改變加速或性能的電子儀器，改裝避震、輪胎和

輪圈，還有烤漆。

當然，家可能是客製化的最大基地。當居住者改變了家具、油漆、窗戶處理、草坪，而且幾年後甚至修改了房子的結構，增加了房間，改變了車庫等等時，重新建造後的同一棟房子就變成了個性化的新家。

我們都是設計師

> 一個空間只能由它的居住者來規劃成一個空間，設計師能做的最好事情就是把工具交到他們的手中。
> ——哈里遜和杜瑞許（Steve Harrison & Paul Dourish），
> 〈重新佈置空間〉（Re-place-ing space）

我們都是設計師。我們利用環境，讓它為我們的需求提供更好的服務。我們選擇要擁有什麼物品，讓它們出現在我們的周遭。我們建造、購買、整理和重新建造：這些都是設計的一種形式。當我們要刻意重新整理辦公桌上的物品、客廳裡的家具、放在車子裡的物品時，我們都在進行設計。透過這些個人行為的設計，我們把日常生活中其他無名的常見物品和空間變成我們自己的物品和空間。透過我們的設計，我們把房子變為住宅，把空地變為住所，把物品

變為財產。儘管我們不可能控制購買的的眾多物品，我們卻可以控制要選擇什麼、怎麼用、在哪兒用和什麼時候用。

坐下並決定你的咖啡杯、你的鋼筆、你正在閱讀的書，和你想要用來書寫的紙張──你就是在進行設計了。

即使這看起來微不足道，但是它顯示了設計的實質意涵：有一系列的選擇，有些選擇比其他選擇好，但可能沒有令人完全滿意的選擇。一個大幅的調整可能會讓日常物品好很多，但是會花費一點力氣、金錢或甚至要有技能。或許如果整理一下家具或剛買的新桌子、茶杯、鉛筆、書籍和紙張會更加自然協調，或在情感上更令人愉悅？一旦考慮到這些並做出了選擇，你就是在設計。而且，這種瑣碎的設計活動發生在其他設計之後，也就是在建築物和房間的設計、家具的選擇和擺設、電燈和開關位置的設計之後。

最好的設計不一定是一個物品、空間或是結構：它是一種過程──動態又可調整的過程。許多大學生透過在兩個文件櫃的頂端放上一個平板而做成一張書桌，盒子變成了椅子和書櫃，磚塊和木頭作成架子，地毯變成了壁簾。最好的設計是那些為自己創作的東西，這是最恰當的設計──實用、美觀，這種設計會呼應我們個人的生活風格。

另一方面，工業產品的設計常常沒有達到這一標準：產品是根據許多使用者認為無關緊要的具體規格配置和製造的，已經製成和買到的產品很少滿足我們精確的需要，儘管它們可能很接近我們滿

意的標準。幸運的是，我們每個人可以自由地購買不同的產品，然後用對我們最好的方式把它們結合起來，我們的房間適合我們的生活方式，我們擁有的東西反映了我們的性格。

我們都是設計師——而且必須是。專業的設計師可以創造美觀好用的物品，他們可以創作美麗的產品，使我們第一眼就會愛上它們。他們可以創造滿足我們需求的產品：容易理解、容易使用，以我們希望的工作方式進行工作。看了愉悅，用了也愉悅。但是，這卻不能讓某樣物品變成個人的，使物品與我們產生連結，沒有人可以為我們那樣做：我們必須為自己做。

個人網站讓人們表達自己，與世界上的其他人進行溝通，且找到與他們有相同價值觀的社群。網路技術——例如新聞群組、郵件列表和聊天室——使人們可以分享思想、意見和經驗。個人網站和網誌允許個人的表達，無論是美術、音樂、攝影還是對日常生活的思考。這些都是強大的個人經驗，可以建立強烈的情緒與情感。以下是某個人向我描述她的網站：

> 我自己的網站——我有時候想放棄它，因為它佔據了我大量的時間。但是它在網路上以一種個人的方式代表了我，難以想像生活中可能會沒有它。它給我帶來了朋友和奇遇、讚美和遊歷、幽默和驚奇。它已經變成了我與世界的接口，沒有了它，我生活中一個重要的部分將不再存在。

　　這些個人的網頁和網誌已經變成許多人生活的必要部分，它們是個人的也是可被分享的，它們受到喜愛也被憎恨，它們引起強烈的情感，它們是自我的真正延伸。

　　個人網頁、網誌和其他個人網站主要是個人且非專業設計的例子。許多人耗費大量時間和精力寫出他們的思想，收集他們喜愛的相片、音樂、影像來向世界呈現他們自己的個人面貌。對許多人來說，我和我所展現在網路上的一樣，這些個人的表達方式很貼切地代表了他們，想像沒有它們的生活會令人感到不可思議——它們已經變成了他們自己的一個必要部分。

　　我們都是設計師——因為我們必須是。我們生活上會遇到成功和失敗、歡樂和悲傷。我們建立起自己眾多的生活圈以永遠支持我們自己，有時候，人物、地點和事物形成了特殊的意義和情感，這些是我們與自己、我們與過去和未來的連結。

　　當某個東西帶來快樂時，當它變成我們生活的一部分時，當我們與它互動的方式幫助我們確定自己在社會及世界上的地位時，我們有了愛。設計是這個方程式的一部分，但個人的互動才是關鍵。當某個物品的特殊品質讓它成為我們日常生活的一部分時，當它加深了我們的滿意度時，愛就因而產生了，無論是因為它的美觀、它的行為還是它的反思成分。

　　莫里斯的話為本書提供了一個合適的結尾，就像這段話提供了一個合適的開頭一樣：

如果你想有一條所有人都適用的黃金定律，這一條就是了：
別在你的房子裡擺一些你不知道有什麼用處的東西，或者你
信以為漂亮的東西。

個人反思與致謝
Personal Reflections and Acknowledgments

就某種意義上，這本書的出現全是曼德勒（George Mandler）的錯——偷偷在我不自覺的情況下把許多思想注入我的腦海。他在加州聖地牙哥大學剛剛成立心理系的第一年聘我到他那邊去，而這所大學當時還沒有多少畢業生。在我得知這個消息之前，我已經為他編輯的系列叢書寫了一本書（《記憶和注意力》〔*Memory and Attention*〕）；也寫了一本入門教科書（和林賽〔Peter Lindsay〕合著的《人類資訊處理》〔*Human Information Processing*〕），因為這門課是他找林賽和我一起來授課的；這讓我重新思考對記憶方面的研究；然後我進入了人類失誤和意外事故的研究領域——由此我對設計產生了興趣（從這個哲學角度來看，許多人類的失誤事實上是設計的失誤）。

人類訊息處理研究中心是由曼德勒創立經營的。知覺心理學家吉布森（J. J. Gibson）在這裡工作了幾年，這種長期的相處使我和吉布森有許多論戰和不斷的爭執，這些都是令人愉快的爭執，我們都很喜歡，這是一種最有成效、最具科學意義、最有教育性的爭執。我對失誤的興趣和我對吉布森關於「預設用途」（affordances；譯註：或譯為「示能性」）觀點的接受，合在一起導致了《設計＆日常生活》的誕生。（如果吉布森還健在的話，我確信他仍然會與我辯論，不同意我對他的觀點的詮釋，賣弄地拿下他的助聽器來表示他沒有聽到我的辯駁，但是偷偷微笑享受每一分鐘。）

曼德勒既是一個認知科學家又是情感研究領域的重要人物。但

是，即使我花了很多時間與他爭論和討論情感方面的問題，閱讀他所有的著作，我還是不清楚如何將情感融合到我對人類認知的研究中，特別是融合到我對產品設計的研究中。我曾在 1979 年第一屆認知科學大會上做了一個報告，題目是「認知科學的十二個問題」，情感名列第十二個。不過，雖然我說我們應該研究它，但是連我自己也不知道怎樣著手研究。我的論點至少讓在場的一個人信服：奧托尼——現在是西北大學的教授——告訴我，他聽完我報告的結果是把自己的研究領域轉變為情感。

在 1993 年，我離開學術界進入產業界，做過蘋果電腦公司的副總經理，接著做了其它一些高科技公司的主管，包括惠普和一個線上教育推廣機構。1998 年，我的同事尼爾森（Jakob Nielsen）和我成立一家顧問公司：尼爾森—諾曼集團，這使我面對幾個不同產業中各式各樣的產品。最後學術界要我回去，這次是去西北大學電腦科學系，現在我一半的時間在大學裡，一半時間是在尼爾森—諾曼集團。

在西北大學，奧托尼重新喚醒我對情感的潛在興趣。在我離開學術界的那十年內，神經科學和情緒心理學的研究有了很大的進展，而且我在企業界時，幫助各式各樣產品的設計開發，從電腦到網站等，我對設計所引起的強烈情感衝擊變得敏感。相對於物品看起來怎麼樣和它讓人感覺怎麼樣而言，人們總是對物品用起來有多好或甚至它是幹什麼的沒什麼興趣。

　　心理學系的人格理論專家芮維、奧托尼和我決定重新回顧情感
、行為和認知方面的文獻，努力理解情感的魅力所在。隨著我們工
作的進行，一切變得清晰起來：情緒情感不應該從認知中分離出來
，也不應該從行為、動機和人格中分離出來；這些對人類的情感機
能來說都是必要的，我們的工作成了這本書的理論背景。

　　大致在同一時期，構想實驗室（Idealab!）公司的葛羅斯（Bill
Gross）成立了演化機器人技術公司（Evolution Robotics）為家庭
製造機器人，他邀請我加入他們的顧問團隊。很久以前我就被機器
人科學所深深吸引，我很快就認定機器人需要情感。確實，對所有
的自主生物——人類或機器——情感都是必要的。令我驚喜的是，
我發現我和神經心理學家沙利斯（Tim Shallice）在 1986 年寫的一
篇關於將「意願」當成控制系統的研究論文已經被用於機器人技術
上。啊哈！我開始看到這一切可以怎樣結合在一起。

　　當這些個別的研究取向結合在一起時，應用就會自然而然地產
生。我們的科學探索讓我們提出了以下主張：最好以三種不同的層
次來有效的分析整個過程。這個領域澄清了許多問題，許多爭論如
情緒、美觀和趣味的作用與對銷售的關心、廣告的主張和產品的定
位——以及製造出實用的產品的困難——通常是不同層次之間的爭
論。所有這些問題都是重要的，但是都對不同的層次產生影響，具
有不同的時間過程，在購買和使用週期中處在不同的位置。

　　我寫這本書的目的是把這些表面上衝突的主題放到一個連貫的

架構中，這個架構以情感、行為和認知三個層面的理論為基礎。在
這個架構下，我致力於對產品的設計過程和情感效果做深入分析。

　　所以，謝謝你，曼德勒；謝謝你，奧托尼；謝謝你，芮維。

　　這本書和我所有的書一樣，它的出版應該歸功於許多人。首先
是我有耐心的代理商戴克斯特拉（Sandy Dijkstra）和我的商業夥伴
尼爾森，他們給我不斷鼓舞人心的激勵。不是不斷嘮叨，而是不斷
提醒和鼓勵。我一直在寫作，總是草草記下一些事情，所以在這些
筆記之外，我還寫了一本《設計＆未來生活》（*The Future of Every-
day Things*，中譯本遠流出版）的手稿。但是當我努力把這些內容
教授給西北大學的學生時，我發現它缺少凝聚力：把這些想法綑綁
在一起的架構——來自我和奧托尼以及芮維有關情感研究的新工作
，並不在那本書的內容中。

　　奧托尼、芮維和我正在發展情感理論，當我們有所進展時，我
明白這個方法可以應用到設計領域。而且，這個工作最後讓我解決
了製造可用物品的專業興趣和我個人對美的欣賞之間顯而易見的矛
盾。於是我放棄了第一份草稿並另起爐灶，這次以情感方面的理論
工作為架構。當我再次教授這些內容的時候，終於大有進展，上這
些課的學生以及試讀過這本手稿的學生，在我把這些不相關的筆記
串連成有條理的文稿方面，給了我極大的幫助。

　　接下來，我專業上的同事提供我大量的建議和資源。我長期的

同事，包布洛（Danny Bobrow），給我美妙的激勵和督促，還有令人煩惱的問題——他會在我提出的論點中發現缺陷。格魯丁（Jonathan Grudin），不斷用電子郵件和我聯繫，常常是從黎明到黃昏，包括注釋、文件和評論。惠特尼（Patrick Whitney）是伊利諾設計學院芝加哥校區的主任，他邀請我成為他們團隊中的一員，並提供頗有見地的評論和接觸工業設計界的機會。

設計學院有許多成員對我有很大的幫助：康利（Chris Conley）、赫斯克特（John Heskett）、瑞提格（Mark Rettig）以及佐藤（Kei Sato）。來自波姆納（Pomona）的加州州立科技大學的謝夏（Nirmal Sethia）持續提供了聯絡和資訊方面的資源：謝夏好像認識工業設計領域的每個人，並且證實我的觀點是最新的。

由艾文森（Shelley Evenson）和瑞因法蘭克（John Rheinfrank）組成的互動設計團隊能力強大，往往提供深刻的見解（瑞因法蘭克是一個偉大的領導人）。我感謝 IDEO 的布萊德利（Paul Bradley）、凱利（David Kelly）和桑普森（Craig Sampson）以及 HLB 的赫伯斯特（Walter Herbst）和哈特曼（John Hartman）。

麻省理工學院媒體實驗室的布莉齊爾（Cynthia Breazeal）和皮卡得（Roz Picard）提供了許多有用的互動，包括到他們的實驗室參觀，這對第 6 章和第 7 章貢獻很大。布魯克斯（Rodney Brooks）是麻省理工學院人工智慧研究室的領導人，也是一位機器人技術

專家，同時也是很多資訊資料的來源。明斯基（Marvin Minsky）往往提供許多的靈感，尤其是他即將出版的書──《情感機器》（*The Emotional Machine*）的手稿。

我在國際人機互動學會的幾個公告板上測試了我許多想法，許多答覆非常有用。通訊者的名單很長──有好幾百個──但是我尤其受益於與以下這些人的交談和他們的建議：Joshua Barr、Gilbert Cockton、Marc Hassenzahl、Challis Hodge、William Hudson、Kristiina Karvonen、Jonas Löwgren、Hugh McLoone、George Olsen、Kees Overbeeke、Etienne Pelaprat、Gerard Torenvliet 和 Christina Wodtke。我感謝尼爾森──諾曼集團的 Kara Pernice Coyne、Susan Farrell、Shuli Gilutz、Luice Hwang、Jakob Nielsen 和 Amy Stover，我們進行了熱烈的討論。

來自微軟 XBOX 部門的 Jim Stewart 提供我討論遊戲產業的機會和我牆上的 XBOX 海報。（「走出戶外，呼吸新鮮空氣。看看日落。男孩，那會使你老得很快。」）

這本書慢慢從 18 個鬆散的章節轉變為現在的 7 個章節，加上前言和後記，在 Basic Books 的編輯 Jo Ann Miller 指導下，經過兩次大規模的改寫。她讓我努力工作──幸運的是，都是為了你們。謝謝你，Jo Ann。同時我也要感謝 Randall Pink，他辛勤收集了最後的照片並獲得版權許可。

雖然我遺漏許多在本書長期的醞釀中幫助過我的人，但是謝謝

你們所有的人，有列名和未列名的，包括我在西北大學和設計研究
所的所有學生，透過多方面的修改幫助我釐清了我的思緒。

唐納・諾曼（Donald Norman）
於伊利諾伊州北布魯克

參考文獻
References

Alessi, A. (2000). Creating Juicy salif. Product brochure accompanying the Special Anniversary Edition 2000 of the Juicy Salif. Crusinallo, Italy: Alessi.

Alexander, C., Ishikawa, S., & Silverstein, M. (1977). *A pattern language: Towns, buildings, construction.* New York: Oxford University Press.

Ashby, F. G., Isen, A. M., & Turken, A. U. (1999). A neuropsychological theory of positive affect and its influence on cognition. *Psychological Review, 106,* 529–550.

Asimov, I. (1950). *I, Robot.* London: D. Dobson. (Reprinted numerous times; see: Asimov, I. [1983]).

Asimov, I. (1983). *The Foundation trilogy: Foundation, Foundation and empire, Second foundation; The stars, like dust; The naked sun; I, robot.* New York: Octopus/ Heinemann.

Asimov, I. (1985). *Robots and empire* (1st ed.). Garden City, NY: Doubleday.

Berra, Y., & Horton, T. (1989). *Yogi: It ain't over.* New York: McGraw-Hill.

Bizony, P. (1994). *2001: Filming the Future.* London: Arum Press.

Blythe, M. A., Overbeeke, K., Monk, A. F., & Wright, P. C. (2003). *Funology: From usability to enjoyment.* Boston: Kluwer Academic Publishers.

Boorstin, J. (1990). *The Hollywood eye: What makes movies work.* New York: Cornelia & Michael Bessie Books.

Brand, S. (1994). *How buildings learn: What happens after they're built.* New York: Viking.

Breazeal, C. (2002). *Designing sociable robots.* Cambridge, MA: MIT Press.

Brooks, R. A. (2002). *Flesh and machines: How robots will change us.* New York: Pantheon Books.

Bryant, D. (not dated). The uncanny valley: Why are monster-movie zombies so horrifying and talking animals so fascinating? Retrieved, 2003, http://www.arclight.net/~pdb/glimpses/valley.html.

Cavelos, J. (1999). *The science of Star Wars* (1st ed.). New York: St. Martin's Press.

Clarke, R. (1993). Asimov's laws of robotics: Implications for information technology, Part 1. IEEE Computer, 26 (12), 53–61. http://www.anu.edu.au/people/Roger.Clarke/SOS/Asimov.html.

Clarke, R. (1994). Asimov's laws of robotics: Implications for information technology, Part 2. IEEE Computer, 27 (1), 57–66. http://www.anu.edu.au/people/

Roger.Clarke/SOS/Asimov.html.

Coates, D. (2003). *Watches tell more than time: Product design, information, and the quest for elegance.* New York: McGraw-Hill.

Cooper, A. (1999). *The inmates are running the asylum: Why high-tech products drive us crazy and how to restore the sanity.* Indianapolis: Sams; Prentice Hall.

Coulson, S., King, J. W., & Kutas, M. (1998). Expect the unexpected: Event-related brain response to morphosyntactic violations. *Language and Cognitive Processes*, 13 (1), 21–58.

Cowen, A. (2002, June). Talking photos: Interview with David Frohlich. *mpulse, a Cooltown magazine.* http://www.cooltown.com/mpulse/0602-thinker.asp.

Csikszentmihalyi, M. (1990). *Flow: The psychology of optimal experience.* New York: Harper & Row.

Csikszentmihalyi, M., & Rochberg-Halton, E. (1981). *The meaning of things: Domestic symbols and the self.* Cambridge, UK: Cambridge University Press.

Damasio, A. R. (1994). *Descartes' error: Emotion, reason, and the human brain.* New York: G. P. Putnam.

Damasio, A. R. (1999). *The feeling of what happens: Body and emotion in the making of consciousness.* New York: Harcourt Brace.

Dick, P. K. (1968). *Do androids dream of electric sheep?* (1st ed.). Garden City, NY: Doubleday.

Ekman, P. (1982). *Emotion in the human face* (2nd ed.). Cambridge, UK: Cambridge University Press.

Ekman, P. (2003). *Emotions revealed: Recognizing faces and feelings to improve communication and emotional life.* New York: Henry Holt & Co./Times Books.

Ekuan, K. (1998). *The aesthetics of the Japanese lunchbox.* Cambridge, MA: MIT Press.

Fogg, B. J. (2002). *Persuasive technology: Using computers to change what we think and do.* New York: Morgan Kaufman Publishers.

Fredrickson, B. L. (1998). What good are positive emotions? *Review of General Psychology, 29*, 300–319.

Fredrickson, B. L. (2000). Cultivating positive emotions to optimize health and well-being. Prevention & Treatment (an electronic journal), 3 (Article 0001a). Available on-line with commentaries and a response at http://journals.apa.org/

prevention/volume3/toc-mar07–00.html

Fredrickson, B. L., & Joiner, T. (2002). Positive emotions trigger upward spirals toward emotional well-being. *Psychological Science, 13* (2), 172–175.

Gladwell, M. (2002, August 5). Annals of Psychology: The naked face: Can experts really read your thoughts? *The New Yorker,* 38–49.

Gobé, M. (2001). *Emotional branding: The new paradigm for connecting brands to people.* New York: Allworth Press.

Goebert, B., & Rosenthal, H. M. (2001). *Beyond listening: Learning the secret language of focus groups.* New York: J. Wiley. URL for Chapter 1: Listening 101: The value of focus groups. http://www.wileyeurope.com/cda/cover/0,,0471395625%7C excerpt,00.pdf.

Goleman, D. (1995). *Emotional intelligence.* New York: Bantam Books.

Güzeldere, G., & Franchi, S. (1995). Constructions of the mind: Dialogues with colorful personalities of early AI. Stanford Electronic Humanities Review, 4 (2). http://www.stanford.edu/group/SHR/4–2/text/dialogues.html.

Harrison, S., & Dourish, P. (1996). *Re-place-ing space: The role of place and space in collaborative systems.* ACM. Proceedings of the Conference on Computer Support of Collaborative Work (CSCW). New York: ACM.

Hennessy, J. L., Patterson, D. A., Lin, H. A., & National Research Council Committee on the Role of Information Technology in Responding to Terrorism (Eds.). (2003). *Information technology for counterterrorism: Immediate actions and future possibilities.* Washington, DC: The National Academies Press.

Hinton, L., Nichols, J., & Ohala, J. J. (1994). *Sound symbolism.* Cambridge, UK: Cambridge University Press.

Hughes-Morgan, M. (2002, February 25). Net effect of computer rage. This is London, http://www.thisislondon.com/dynamic/news/story.html?in_review_ id=506466&in_review_text_id=469291.

Industrial Robots and Robot System Safety. Occupational Safety and Health Administration, US Department of Labor, OSHA Technical Manual (TED 1–0.15A). (1999). http://www.osha.gov/SLTC/machineguarding/publications.html. Section V entitled "Control and Safeguarding Personnel" outlines specific means for safeguarding robot systems.

Isen, A. M. (1993). Positive affect and decision making. In M. Lewis & J. M. Haviland (Eds.), *Handbook of emotions* (pp. 261–277). New York: Guilford.

Ishii, H., Mazalek, A., & Lee, J. (2001). Bottles as a minimal interface to access digital information. Computer Human Interaction (CHI–2001), Extended Abstracts. ACM Press http://tangible.media.mit.edu/papers/Bottles_CHI01/Bottles_CHI01.pdf.

Ishii, H., Wisneski, C., Orbanes, J., Chun, B., & Paradiso, J. (1999). PingPongPlus: Design of an athletic-tangible interface for computer-supported cooperative play. Pittsburgh, PA. CHI 99: Conference on Human Factors in Computing Systems. http://tangible.media.mit.edu/papers/PingPongPlus_CHI99/PingPongPlus_CHI99.html

James, W. (1890). *Principles of psychology.* New York: Holt.

Johnson, S. (2001). *Emergence: The connected lives of ants, brains, cities, and software.* New York: Scribner.

Jordan, P. W. (2000). *Designing pleasurable products: An introduction to the new human factors.* London: Taylor & Francis.

Kahneman, D., Diener, E., & Schwarz, N. (1999). *Well-being: The foundations of hedonic psychology.* New York: Russell Sage Foundation.

Kahney, L. (2001). Puppy love for a robot. Wired news. http://www.wired.com/news/culture/0,1284,41680,00.html.

Kelley, T., & Littman, J. (2001). *The art of innovation: Lessons in creativity from IDEO, America's leading design firm.* New York: Currency/Doubleday.

Khaslavsky, J., & Shedroff, N. (1999). Understanding the seductive experience. Communications of the ACM, 42 (5), 45–49. http://hci.stanford.edu/captology/Key_Concepts/Papers/CACMseduction.pdf.

Kitayama, S. (2002). *Cultural psychology of the self: A renewed look at independence and interdependence.* Stockholm, 2000. Proceedings of the XXVII international congress of psychology. Vol. II. Psychology Press. http://www.hi.h.kyoto-u.ac.jp/users/cpl/thesis/k2.pdf.

Klinkenborg, V. (2002, December 16). Editorial observer; Living under the virtual volcano of video games this holiday season. *The New York Times,* Section A, pp. 26.

Komar, V., Melamid, A., & Wypijewski, J. (1997). *Painting by numbers: Komar and Melamid's scientific guide to art.* New York: Farrar Straus Giroux.

Kort, B., Reilly, R., & Picard, R. W. (2001). An affective model of interplay between emotions and learning: Reengineering educational pedagogy—building a learning companion. ICALT–2001 (International Conference on Advanced Learning Technologies).

Krumhansl, C. L. (2002). Music: A link between cognition and emotion. *Current Directions in Psychological Science, 11* (2), 45–50.

Kurosu, M., & Kashimura, K. (1995, May 7–11). Apparent usability vs. inherent usability: experimental analysis on the determinants of the apparent usability. Denver, Colorado. *Conference companion on human factors in computing systems.* 292–293.

Latané, B., & Darley, J. M. (1970). *The unresponsive bystander: Why doesn't he help?* Englewood Cliffs, NJ: Prentice-Hall.

Lieberman, H. (2003). The Tyranny of Evaluation. Retrieved, 2003, http:// web.media.mit.edu/~lieber/Misc/Tyranny-Evaluation.html.

Mazalek, A., Wood, A., & Ishii, H. (2001, August 12–17). *GenieBottles: An interactive narrative in bottles.* Proceedings of SIGGRAPH. ACM Press. http://tangible. media.mit.edu/papers/genieBottles_SG01/genieBottles_SG01.pdf.

Meyer, L. B. (1956). *Emotion and meaning in music.* Chicago: University of Chicago Press.

Mitnick, K. D., & Simon, W. L. (2002). *The art of deception: Controlling the human element of security.* Indianapolis: Wiley.

Mori, M. (1982). *The Buddha in the robot* (S. T. Charles, Trans.). Boston: Charles E Tuttle Co.

Morris, W. (1882). Hopes and fears for art: Five lectures delivered in Birmingham, London, and Nottingham, 1878–1881. London: Ellis & White. http://etext. library.adelaide.edu.au/m/m87hf/chap3.html. (Quotation is from chapter 3, "The Beauty of Life," originally delivered before the Birmingham Society of Arts and School of Design, February 19, 1880.)

National Research Council Committee to Review the Scientific Evidence on the Polygraph. (2002). *The polygraph and lie detection.* Washington, DC: National Academies Press.

Norman, D. A. (2002a). *The design of everyday things.* New York: Basic Books. (The reissue, with a new preface, of *The psychology of everyday things*.)

Norman, D. A. (2002b). Emotion and design: Attractive things work better. *Interactions Magazine*, ix (4), 36–42. http://www.jnd.org/dn.mss/Emotion-and-design.html

Ortony, A., Clore, G. L., & Collins, A. (1988). *The cognitive structure of emotions*. Cambridge, UK: Cambridge University Press.

Ortony, A., Norman, D. A., & Revelle, W. (2004). The role of affect and proto-affect in effective functioning. In J.-M. Fellous & M. A. Arbib (Eds.), *Who needs emotions? The brain meets the machine*. New York: Oxford University Press.

Papanek, V. J., & Hennessey, J. (1977). *How things don't work* (1st ed.). New York: Pantheon Books.

Picard, R. W. (1997). *Affective computing*. Cambridge, MA: MIT Press.

Pirsig, R. M. (1974). *Zen and the art of motorcycle maintenance*. New York: Bantam Books.

Raskin, J. (2000). *The humane interface: New directions for designing interactive systems*. Reading, MA: Addison Wesley.

Read, H. E. (1953). *Art and industry, the principles of industrial design* (3rd. ed.). London: Faber and Faber.

Reeves, B., & Nass, C. I. (1996). *The media equation: How people treat computers, television, and new media like real people and places*. Stanford, CA: CSLI Publications (and New York: Cambridge University Press).

Rushkoff, D. (1999). *Coercion: Why we listen to what "they" say*. New York: Riverhead.

Scott, A. O. (2002, July 12). Critic's notebook: A restored German classic of futuristic angst. *The New York Times*, B, pp. B18. http://www.nytimes.com/2002/07/12/movies/12METR.html.

Sekuler, R., & Blake, R. (1998). *Star Trek on the brain: Alien minds, human minds*. New York: W. H. Freeman. http://www2.shore.net/~sek/STontheBrain.html.

Seligman, M. E. P., & Csikszentmihalyi, M. (2000). Positive psychology: An introduction. *American Psychologist*, *55* (1), 5–14.

Seymour, J. (2001). *The forgotten arts & crafts*. New York: Dorling Kindersley.

Smookler, K. (2002). Text from the San Francisco Airport Museums exhibit on Miniature Monuments: email.

Snyder, C. R., & Lopez, S. J. (Eds.). (2001). *Handbook of positive psychology.* New York: Oxford University Press.

St. John, W. (2002, July 14). A store lures guys who are graduating from chinos. *The New York Times,* Sunday Styles, pp. 9–1, 9–8. http://www.nytimes.com/2002/07/14/fashion/14JEAN.html.

Stephenson, N. (1995). *The diamond age, or, A young lady's illustrated primer.* New York: Bantam Books.

Swan, T. (2002, Sunday, June 2). Behind the wheel/Mini Cooper: Animated short, dubbed in German. *The New York Times,* Automobiles, pp. 12.

Swatch Watch Corporation. Swatch basics: Facts & figures from the world of Swatch [Internet (PDF) White paper]. Retrieved, December 2002, http://www.swatch.com/fs_index.php?haupt=collections&unter=.

Tiger, L. (1992). *The pursuit of pleasure.* Boston: Little Brown.

Tolkien, J. R. R. (1954a). *The fellowship of the ring: being the first part of The lord of the rings* (Vol. pt. 1). London: George Allen & Unwin.

Tolkien, J. R. R. (1954b). *The lord of the rings.* London: Allen & Unwin.

Tolkien, J. R. R. (1954c). *The two towers: being the second part of The lord of the rings* (Vol. pt. 2). London: G. Allen & Unwin.

Tolkien, J. R. R. (1956). *The return of the king: being the third part of The lord of the rings* (Vol. v. 3). Boston: Houghton Mifflin.

Tractinsky, N. (1997). Aesthetics and apparent usability: Empirically assessing cultural and methodological issues. *CHI 97 Electronic publications: Papers* http://www.acm.org/sigchi/chi97/proceedings/paper/nt.htm.

Tractinsky, N., Katz, A. S., & Ikar, D. (2000). What is beautiful is usable. *Interacting with Computers, 13* (2), 127–145.

Underhill, P. (1999). *Why we buy: The science of shopping.* New York: Simon & Schuster.

Vinge, V. (1993). *A fire upon the deep.* New York: Tor.

Weizenbaum, J. (1976). *Computer power and human reason: From judgment to calculation.* San Francisco: W. H. Freeman.

Whyte, W. H. (1988). *City: Rediscovering the center* (1st ed.). New York: Doubleday.

Wiener, E. L., Kanki, B. G., & Helmreich, R. L. (1993). *Cockpit resource management.*

San Diego: Academic Press.

Wolf, M. J. P. (2001). The medium of the video game (1st ed.). Austin: University of Texas Press. See "Genre and the Video Game" at http://www.robinlionheart.com/gamedev/genres.xhtml.

國家圖書館出版品預行編目資料

情感 @ 設計：為什麼有些設計讓你一眼就愛上／
　　Donald A. Norman 著；王鴻祥等譯 . -- 初版 .
　-- 臺北市：遠流，2011.08
　　面；　公分 . --（大眾心理館；331）
　　譯自：Emotional design: why we love (or hate)
everyday things
　　ISBN 978-957-32-6818-5（平裝）

　1. 情感 2. 情境心理學 3. 工業設計

176.5　　　　　　　　　　　　　100013192

大眾心理館331

情感＠設計
為什麼有些設計讓你一眼就愛上

作者─Donald A. Norman
譯者─王鴻祥、翁鵲嵐、鄭玉屏、張志傑
策劃─吳靜吉博士
主編─林淑慎
責任編輯─廖怡茜
美術設計─Zero

發行人─王榮文
出版發行─遠流出版事業股份有限公司
台北市100南昌路二段81號6樓
郵撥／0189456-1
電話／2392-6899　傳真／2392-6658

著作權顧問─蕭雄淋律師
2011年8月1日　初版一刷
2018年2月1日　初版五刷
售價新台幣350元（缺頁或破損的書，請寄回更換）
有著作權・侵害必究　Printed in Taiwan
ISBN 978-957-32-6818-5　（英文版 ISBN 978-0-465-05136-6）

YLib.com 遠流博識網
http://www.ylib.com　E-mail: ylib@ylib.com